Christiane Oppermann

Nachgefragt: Wirtschaft

Basiswissen zum Mitreden

Illustrationen von Annabelle von Sperber

Loewe

Der Umwelt zuliebe ist dieses Buch
auf chlorfrei gebleichtem Papier gedruckt.

ISBN-10: 3-7855-4524-X
ISBN-13: 978-3-7855-4524-9
Aktualisierte Neuausgabe
1. Auflage 2006

Umschlagillustration: Annabelle von Sperber
Umschlagfoto: Mauritius
Umschlaggestaltung: Andreas Henze
Printed in Germany (003)

www.loewe-verlag.de

Nachgefragt: Wirtschaft

Inhaltsverzeichnis

Sparen und Anlegen

Wirtschaftspolitik und Weltwirtschaft

Einleitung

Betriebswirtschaft, Volkswirtschaft, Marktwirtschaft, Wirtschaftskrise, Wirtschaftswachstum, Wirtschaftspolitik ... Bei so viel Wirtschaft schwirrt vielen schon der Kopf, und so mancher denkt sich: Nichts wie weg, auf eine Cola in die nächste Wirtschaft, und er meint damit eine Kneipe, eine Bar oder ein Restaurant. Doch das ist nur eine Seite der Wirtschaft, wenn auch eine angenehme.

Tatsächlich begegnet uns die Wirtschaft überall. Fernseher wachsen nicht auf Bäumen, Cola regnet nicht vom Himmel, und Handys werden nicht von Hühnern gelegt – sie werden von Wirtschaftsunternehmen hergestellt. Doch nicht nur die Unternehmen, auch die Verbraucher und der Staat sind wichtige wirtschaftliche Akteure.

Wenn man darüber nachdenkt, welchen Anteil die Wirtschaft an unserem Alltag hat, kann einem ganz schön schwindlig werden. Wirtschaftliche Beziehungen bestimmen unser Leben, rund um die Uhr und weltweit. Der Wirtschaft entkommt keiner.

Sie ist überall, sie will das eine, fordert das andere, klagt, jammert und quatscht überall rein. Sie ist in aller Munde und wird immer wieder angesprochen. Doch so ganz genau wissen viele nicht, was sie eigentlich meinen, wenn sie von Wirtschaft sprechen.

Wie funktioniert der Wettbewerb? Was ist ein Markt? Wie wird die Verteilung von Waren und Dienstleistungen organisiert? Welche Rolle spielen die Banken? Was genau passiert an der Börse? Um all die verschiedenen Seiten der Wirtschaft geht es in diesem Buch. Denn die Wirtschaft betrifft jeden von uns unmittelbar ...

Ausgeben und Einkaufen

Zunächst mal ganz grundsätzlich: Was ist eigentlich Wirtschaft?

Alles dreht sich um die Wirtschaft. Die Wirtschaft wächst, stagniert, floriert, schrumpft, boomt, kollabiert ... Moment mal! Was genau versteht man überhaupt unter Wirtschaft?

Die Wirtschaft hat viele Seiten. Da ist zunächst einmal die grundlegende Bedeutung: Wirtschaft ist die optimale Verteilung von knappen Gütern. Das klingt stark nach Fachchinesisch. Knappe Güter nennt man alle Dinge, die Menschen brauchen, um ihre Grundbedürfnisse zu decken, die aber nicht im Überfluss und ständig vorhanden sind, zum Beispiel Essen und Trinken, in den kühleren Regionen der Erde Kleidung und ein sicherer Platz zum Schlafen.

Niemand kann alle Güter, die er braucht, selbst produzieren. Deshalb handeln und tauschen - „wirtschaften“ - die Menschen, um ihre Grundbedürfnisse zu befriedigen.

Allein um diese Grundbedürfnisse zu decken, sind in einem Land wie Deutschland, mit rund 80 Millionen Einwohnern, viele unterschiedliche Güter und Dienstleistungen nötig, die zur richtigen Zeit am richtigen Ort sein müssen. Damit es genug zu essen und zu trinken gibt, damit die Menschen Kleidung und eine warme Wohnung haben, damit sie sich fortbewegen können, damit sie lernen, arbeiten und sich in ihrer Freizeit erholen können, damit sie versorgt sind, wenn sie alt oder krank sind.

Das Ergebnis wirtschaftlicher Prozesse ist es, dass die Regale im Supermarkt gefüllt sind, dass Öl, Gas und Kohle dann vorhanden sind, wenn sie gebraucht werden, dass es Kinos, Fernseher und Radios gibt, Autos, Busse und Flugzeuge und natürlich auch genügend Treibstoff.

Die Gesamtheit der wirtschaftlichen Einrichtungen und Aktivitäten in einem Land nennt man Volkswirtschaft.

Die benötigten Produkte werden von den Unternehmen hergestellt.

Die Chefs der Betriebe kaufen beispielsweise alle für den Bau von Autos notwendigen Teile ein, sie organisieren die Produktion, das heißt, wie und mit wie vielen Menschen und Maschinen die Teile zu Fahrzeugen gefertigt werden, und sie entscheiden, zu welchem Preis die Autos verkauft werden. Das ist die betriebswirtschaftliche Seite der Wirtschaft.

Wirtschaft gibt es aber auch im Kleinen: Jede Familie ist ein eigener Wirtschaftsbetrieb für sich. Da muss geplant, eingekauft, vorbereitet und organisiert werden, damit morgens das Frühstück auf dem Tisch steht, T-Shirts müssen gekauft und gewaschen werden, es muss geputzt, gekocht und aufgeräumt werden. Alle diese Abläufe müssen aufeinander abgestimmt und in einer bestimmten Reihenfolge erledigt werden, damit Ordnung herrscht und keiner sagen kann: Was ist denn das hier für eine Wirtschaft?!

Wer bringt Ordnung in das Wirtschafts-Chaos?

Wer einmal genau darüber nachdenkt, wo die Waren und Dienstleistungen, die er jeden Tag nutzt oder verbraucht, herkommen, dem schwirrt schnell der Kopf, und er kommt vom Hundertsten ins Tausendste.

Das geht schon mit dem Wecker los, der einen morgens aus dem Schlaf reißt. Na klar, der war ein Weihnachtsgeschenk vom Großvater. Großvater hat ihn im Kaufhaus gekauft. Und wer hat ihn bedient? Das Geld entgegengenommen, den Wecker nett verpackt? Und überhaupt, wo hat das Kaufhaus den Wecker herbekommen? Ah, es steht „Made in Taiwan" drauf ... Wer hat das Gerät hergestellt, wer dafür gesorgt, dass es nach Deutschland geschickt wurde? Und so weiter, und so weiter. Irgendwann erscheint es einem wie ein Wunder, dass die Dinge wirklich bis zu uns gelangt sind - oder wie das Ergebnis eines ganz großen Plans.

Tatsächlich gab es in der Vergangenheit immer wieder Versuche, die Wirtschaft eines Landes einem solchen „großen Plan" zu unterwerfen. Vor allem *sozialistische* Staaten wie die DDR und die Sowjetunion setzten lange Zeit auf strikte Planwirtschaft. Die Regierung dieser Länder bestimmte zum Beispiel genau, wie viele Zentner Getreide oder Kartoffeln pro Jahr und pro Kopf gebraucht werden würden, und legte damit die erforderliche Menge an Saatgut, Feldern und Arbeitern fest. Den Unternehmen anderer Wirtschaftszweige wurde ebenfalls vorgeschrieben, wie viel sie von welcher Ware produzieren sollten, welche Mittel und wie viele Menschen und Maschinen sie dafür einsetzen durften. Alle Abläufe der Volkswirtschaft wurden bis ins kleinste Detail durchgeplant und vorgeschrieben.

Der **Sozialismus** strebt eine Gesellschaftsordnung an, in der alle Güter dem ganzen Volk gemeinsam gehören. Die bekannteste sozialistische Lehre stammt von Karl Marx und Friedrich Engels.

Klingt toll: Da macht einer einen Plan, und alles läuft wie am Schnürchen. Wie ein gut funktionierender Cola-Automat. Oben kommt das Geld rein, und unten fällt die Dose raus. Doch so einfach ist es mit der Planwirtschaft nicht.

Warum hat die Planwirtschaft nicht funktioniert?

Tatsächlich haben die Planwirtschaftssysteme nie gut funktioniert. Vor allem deshalb, weil es im wirklichen Leben sehr schwierig ist zu planen, wer wann wie viel von einem Gut brauchen wird. Oft fehlten die notwendigen Rohstoffe oder Maschinen für die Herstellung von Industrieprodukten. Ergebnis der Planwirtschaft war in der Regel Güterknappheit und die mangelhafte Versorgung der Bevölkerung.

Die meisten Staaten haben aus diesem Grund der reinen Planwirtschaft inzwischen abgeschworen und lassen zumindest in manchen Bereichen der Wirtschaft Wettbewerb zu. Die einzige Ausnahme ist Nordkorea.

Ende des 20. Jahrhunderts brachen die sozialistischen Systeme in den Staaten des so genannten Ostblocks zusammen.

Ein weiterer wichtiger Grund für den Zusammenbruch der Planwirtschaftssysteme war, dass Land, Maschinen und Rohstoffe nicht einzelnen Unternehmern gehörten, sondern dem Volk. So schön das zunächst klingt, in der Realität hieß es jedoch leider auch, dass sich keiner wirklich für die Anlagen und die Qualität der Waren und Rohstoffe verantwortlich fühlte. Die Folge waren heruntergekommene Fabriken, mangelhafte Produkte und unzufriedene Konsumenten. Ganz ohne Plan läuft die Wirtschaft allerdings auch nicht. Denn eine gerechte Verteilung knapper Güter kann nicht nur dem Zusammenspiel aller Bürger und Unternehmer überlassen werden. Der Staat muss beispielsweise die Rahmenbedingungen für den Wettbewerb setzen und dafür sorgen, dass niemand benachteiligt wird.

Äpfel oder Bananen – wie funktioniert die Marktwirtschaft?

Im Gegensatz zur Planwirtschaft gibt es in der Marktwirtschaft keine zentralen Pläne und Vorschriften. Es herrscht freier Wettbewerb.

Ein simpler Grundsatz, der Fragen aufwirft: Kann das gut gehen, wenn jeder selbst entscheiden kann, was und wie viel er herstellt und zu welchem Preis er es verkauft? Das klingt doch eher nach einem gigantischen Tohuwabohu als nach einer funktionierenden Ordnung für die Wirtschaft.

In der kapitalistischen Marktwirtschaft herrschen freier Wettbewerb und Privateigentum an Produktionsmitteln. Die soziale Marktwirtschaft versucht, soziale Gerechtigkeit mit den Prinzipien des freien Marktes in Einklang zu bringen.

Um das System der *Marktwirtschaft* zu verstehen, gehen wir einmal auf einen Wochenmarkt. Dort bieten zehn Händler Äpfel an. Alle haben die gleiche Sorte in der gleichen Größe, ein Apfel sieht aus wie der andere. Doch ein Verkäufer verlangt 1,50 Euro pro Kilo, drei fordern 1,45 Euro, vier wollen 1,40 Euro für die gleiche Menge, und bei zwei Händlern beträgt der Preis 1,38 Euro. Logisch, dass die beiden Apfelverkäufer, die 1,38 Euro verlangen, ihre Ware als Erste verkauft haben. Erst wenn es keine Äpfel zu 1,38 Euro mehr gibt, wenden sich die Käufer dem Stand mit den nächstbilligen Preisen zu. Nach wenigen Stunden haben sechs Apfelhändler ihr Obst verkauft, nur die vier teuersten sind auf ihrer Ware sitzen geblieben. Sie haben nun die Wahl: Entweder sie warten weiter, oder sie senken die Preise, um ihre Äpfel verkaufen zu können. Da sie auch Geld verdienen wollen, bieten sie das Obst nun ebenfalls für 1,40 Euro oder sogar für 1,38 Euro an.

Am nächsten Tag sind wieder zehn Apfelhändler auf dem Markt, die alle 1,38 Euro für ihre Ware verlangen. Plötzlich taucht ein neuer Verkäufer auf, der Bananen anbietet. Und zwar für 2 Euro das Kilo. Da die Käufer Äpfel schon etwas langweilig finden, stürzen sie sich auf die Bananen, obwohl sie teurer sind als die Äpfel. Im Handumdrehen ist der Tisch des Bana-

nenhändlers leer. Die Apfelverkäufer sind frustriert, weil ihr Geschäft trotz einheitlicher Preise kaum in Gang kommt. Schließlich senken sie ihre Preise auf 1 Euro, um doch noch Käufer anzulocken. Alle zehn verdienen deutlich weniger als am Vortag. Vier von ihnen entscheiden deshalb schnell, am nächsten Tag auch Bananen anzubieten, und zwar zum gleichen Preis wie der Bananenmann. Doch sie haben den Appetit der Kunden auf Bananen überschätzt. Es gibt nicht fünfmal so viele Käufer, die bereit sind, 2 Euro für ein Kilo Bananen zu zahlen. Also müssen alle die Preise senken, bis sie genügend Abnehmer für ihre Bananen finden.

Diese Geschichte zeigt zweierlei. Erstens: Wenn mehrere Händler die gleiche Ware anbieten und genug davon vorhanden ist, sinken die Preise auf das für die Käufer günstigste Niveau, das den Händlern aber noch erlaubt, einen kleinen Gewinn aus ihren Geschäften zu erwirtschaften.

Zweitens: Wenn die Verkäufer frei entscheiden können, versuchen sie, ihr Angebot durch neue Produkte zu erweitern, um ihren *Profit* zu erhöhen. Wenn die Profite groß genug sind, werden auch andere Händler angelockt, die ebenfalls diese neuen Produkte verkaufen. Es entsteht Wettbewerb.

Profit nennt man den Gewinn, der einem Unternehmer nach allen Abzügen verbleibt.

Vom Wettbewerb haben auch die Käufer etwas: eine größere Auswahl zu den günstigsten Preisen.

Man nennt das Sortiment der Händler Angebot und das Interesse der Käufer Nachfrage. Einer der Ersten, der dieses Zusammenwirken von Angebot und Nachfrage untersucht hat, war der schottische Wirtschaftswissenschaftler Adam Smith (1723–1790). Er beschrieb die Wirkungen des freien Wettbewerbs als „unsichtbare Hand“, die Angebot und Nachfrage so steuere, dass beide Seiten den größtmöglichen Profit erzielen können.

Wie kann der Staat Angebot und Nachfrage unterstützen?

Wer bestimmt im Markt - Angebot oder Nachfrage? Diese Frage beschäftigt nicht nur Wirtschaftswissenschaftler, sie hat auch Auswirkungen darauf, wie der Staat die Wirtschaft beeinflussen kann.

Der Markt ist keine Einbahnstraße. Die Bürger sind nicht nur abhängig vom Angebot der Unternehmen, sie bestimmen durch ihr Kaufverhalten auch mit, welche Güter produziert werden und was sie kosten, weil sie nur das kaufen, was ihnen gefällt und ihnen genug Nutzen im Verhältnis zum Preis bietet.

Doch nicht nur die Verbraucher treffen Kaufentscheidungen, auch der Staat, die Regierung, die Behörden und Gemeinden kaufen ein. Sie bauen Schulen, Kindergärten, Schwimmbäder, Straßen. Sie brauchen Computer und Telefone, U-Bahnen und Müllwagen. Das alles kaufen sie mit dem Geld, das sie von den Bürgern als Steuern eingenommen haben, und verschaffen den Unternehmen auf diese Weise Aufträge. Wenn der Staat viel Geld ausgibt und außerdem die Steuern für die Verbraucher, die Familien und Haushalte senkt, sodass sie mehr einkaufen können, spricht man von einer nachfrageorientierten Wirtschaftspolitik. Mit ihr kann der Staat versuchen, der Wirtschaft in schlechten Zeiten unter die Arme zu greifen.

Daneben gibt es noch eine andere Möglichkeit, wie der Staat die Wirtschaft beeinflussen kann: Wenn die Steuern und Abgaben für die Unternehmen gesenkt werden, haben diese mehr Geld, um Waren zu produzieren, neue Maschinen zu kaufen und Arbeitskräfte einzustellen. Diese Stärkung der Angebotsseite heißt angebotsorientierte Wirtschaftspolitik. Die Ansichten, welche Methode besser ist, gehen auseinander. Die meisten Staaten wenden heute eine Kombination von beiden an.

In unserem Wochenmarktbeispiel sorgt der Wettbewerb dafür, dass alle Seiten profitieren. Doch in der Realität birgt es erhebliche Risiken, alles dem freien Spiel von Angebot und Nachfrage zu überlassen.

Die Grenzen des Wettbewerbs: Wo funktioniert er nicht?

Auch für die Herstellung von Lebensmitteln bestehen Vorschriften, um die Reinheit der Nahrungsmittel zu gewährleisten.

In manchen Bereichen kann der Wettbewerb zu kriminellen Handlungen verleiten, die zu Lasten der Qualität gehen oder zur Ausbeutung von Menschen führen. Innovationen, neue Produkte und Entwicklungen können durch zu starken Wettbewerb nicht nur gefördert, sondern auch verhindert werden.

Die heile Welt der Apfel- und Bananenverkäufer gibt es nur, wenn alle die gleichen Ausgangsbedingungen haben und sich fair verhalten. Das ist in der Wirklichkeit des Wirtschaftsalltags jedoch nicht immer der Fall. Deshalb muss der Staat in manchen Bereichen Gesetze erlassen, die den Wettbewerb einschränken, um die Verbraucher vor den negativen Auswirkungen eines allzu freien Spiels der Kräfte zu schützen.

Einer dieser Bereiche ist beispielsweise die medizinische Versorgung: Ärzte müssen Prüfungen ablegen und Praxiserfahrung sammeln, bevor sie Patienten selbstständig behandeln können, Medikamente müssen ausreichend getestet werden, bevor sie von den Gesundheitsbehörden zugelassen und an Kranke verkauft werden dürfen.

Man kann zwar davon ausgehen, dass im Laufe der Zeit fehlerhafte Produkte auch durch den Wettbewerb ausgesondert und vom Markt verbannt werden, doch die Fehler und Mängel müssen sich erst bei den Verbrauchern herumsprechen. Und das dauert – selbst im Zeitalter von Internet und Handy könnten schon viele Menschen zu Schaden gekommen sein, bevor den Pfuschern das Handwerk gelegt werden kann.

Zwei Schafe für eine Kuh – warum gibt es Geld?

Wer etwas kaufen will, muss etwas anderes dafür geben. In den meisten Fällen ist das Geld. Gleichgültig, ob es sich um Euros handelt, amerikanische Dollars, britische Pfund oder Schweizer Franken.

Alle Waren oder Dienstleistungen, die in den Supermärkten, Kaufhäusern und Boutiquen, in Restaurants, beim Friseur oder in der Reinigung angeboten werden, haben einen Preis, und der wird in Geldbeträgen ausgedrückt. Doch das war nicht immer so – und noch heute gibt es Ausnahmen.

Was ist eigentlich Geld? Wenn wir uns die Euromünzen und -scheine ansehen, finden wir eine Kombination aus Metallen wie Kupfer, Nickel oder Chrom und ein speziell behandeltes, bunt bedrucktes Stück Papier, in das Wasserzeichen geprägt und ein Silberstreifen eingezogen wurde. Dass ein solcher Schein 200 Euro wert sein soll, lässt sich am reinen Materialwert nicht erkennen. Doch darauf kommt es nicht an. Der 200-Euro-Schein wird nach seinem *Nennwert* akzeptiert. 200 Euro Papiergeld kann in Gold, Diamanten oder Stahl im Wert von 200 Euro umgewechselt werden. Die Mengen, die man von den einzelnen Materialien bekommt, sind unterschiedlich.

Nennwert: der aufgedruckte Wert des Geldes

Natürlich könnte man versuchen, seine Brötchen in der Bäckerei mit einem winzigen Goldkrümel zu bezahlen. Doch das wäre äußerst umständlich, da man mit dem Bäcker erst verhandeln müsste, wie viele Brötchen man für einen Goldkrümel bekommt. Außerdem ist der Bäcker nicht verpflichtet, das Gold anzunehmen, den Fünf-Euro-Schein hingegen muss er akzeptieren. Denn das an sich wenig wertvolle Papiergeld ist offizielles Zahlungsmittel.

Das war nicht immer so. Früher wurden viele Geschäfte

über den direkten Tausch von Waren abgewickelt. Wer Schafe hatte und eine Kuh haben wollte, musste jemanden finden, der Kühe loswerden und Schafe haben wollte. Und dann mussten sich die beiden noch über den Preis einigen. Was kostet eine Kuh, ausgedrückt in Schafen?

Keine Frage, dass Kaufen und Verkaufen in Zeiten des Tauschhandels nicht gerade einfach war.

Deshalb wurde schon im 7. Jahrhundert vor Christus im Königreich Lydien in Kleinasien das Geld als Tauschmittel eingeführt. Auch die alten Griechen und Römer nutzten Münzgeld, das aus Gold und Silber geprägt war. Damit wurde das Kuh- und Schafgeschäft viel einfacher. Der Kuhverkäufer musste nur jemanden suchen, der das Rindvieh gegen Geld erwerben wollte. Mit den Münzen konnte er dann zum Schafverkäufer gehen und die Schafe mit Geld bezahlen.

Dennoch hielt sich in manchen Gegenden der Tauschhandel auch nach der Einführung des Geldes noch lange. Selbst heute gibt es ihn noch: In vielen Städten findet man Tauschringe, in denen Waren gegen andere Waren oder Dienstleistungen getauscht werden. Allerdings mit einer Besonderheit: Der Wert der Waren und Dienstleistungen wird in eine „Währung“, die in einigen Tauschklubs „Talente“ genannt wird, umgerechnet. Wer beispielsweise einen Haarschnitt haben will, muss drei Talente geben. Der Friseur kann diese Talente dann einsetzen, wenn er mal einen Babysitter braucht. Die Talente sind ein Geldersatz, der aber nur dort gültig ist, wo alle diese Währung anerkennen.

Geld darf immer nur in begrenzter Menge vorhanden sein, sonst wird es wertlos. Wenn es nämlich unbegrenzt viele Münzen und Scheine gibt, sinkt ihr Wert, und man muss immer mehr bezahlen, um Waren zu kaufen. Diesen Wertverlust eines Zahlungsmittels nennt man Inflation.

Die lange Reise eines Jogurts ... Wo kommen die Waren her?

Einkaufen? Kein Problem! Tiefkühlpizza und Jogurt gibt es im Supermarkt an der nächsten Straßenecke. Jeans im Kaufhaus, zweiter Stock. CDs im Music-Shop drei Straßen weiter. Alles in der Nähe, keine Weltreise nötig.

Doch wie sieht es mit der Pizza, der Cola, den Jeans und den Turnschuhen selbst aus? Bevor wir sie aus dem Regal nehmen können, haben viele Produkte schon eine Weltreise hinter sich. Am Beispiel eines Erdbeerjogurts wurde dieser Weg einmal verfolgt. Alle Zutaten hatten zig Kilometer zurückgelegt, bevor sie überhaupt zusammengemixt wurden. Das muss man sich so vorstellen: Die Erdbeeren kommen aus Schleswig-Holstein und werden in Aachen zu Kompott verarbeitet, die Milch stammt aus Ostfriesland, der Zucker aus Braunschweig, die Bakterien für die Milchgerinnung aus dem Münsterland, die Plastikbecher aus dem Raum Aachen und die Metalldeckel aus der Nähe von Osnabrück. Bis der Becher Jogurt dann in der Molkerei in Hannover vom Band rollt, hat er schon 1 500 Kilometer zurückgelegt. Dann wird er erst in die Warenverteilzentren der großen Handelsketten geliefert, die ihn in einen ihrer Supermärkte transportieren. Wenn wir den Jogurt schließlich in Bad Reichenhall aus dem Kühlregal nehmen, hat er eine Reise von gut und gern 2 000 Kilometern hinter sich.

Und nicht nur der Jogurt geht auf Reisen. Krabben aus der Nordsee, die in Cuxhaven den Kutter verlassen, werden nach Polen oder sogar nach Marokko zum Pulen gebracht. In Marokko werden sie kurz abgeladen, ausgepult und wieder verladen, denn dann geht die ganze Reise wieder zurück. Parmaschinken kommen zwar auch mal in Parma vorbei – zum Trocknen und Verpacken werden sie extra nach Italien gebracht, doch die Schweine, die die Schinken geliefert haben, wurden in den Niederlanden oder in Belgien gemästet und geschlachtet. Wenn man sich dann überlegt, welche Entfernung eine Tiefkühlpizza mit Parmaschinken zurückgelegt haben könnte, bis wir sie zu Hause in die Mikrowelle legen und verzehren, könnte man fast reisekrank werden.

Doch für die moderne Warenherstellung sind solche Fernreisen keine Hindernisse. Tiefgefroren, getrocknet und konserviert überstehen sogar hoch verderbliche Waren wie Krabben lange Transporte unbeschadet.

Für die Hersteller lohnen sich die langen Transporte allemal: Große Mengen können viel billiger hergestellt werden als kleine Serien an mehreren Orten.

Die Unternehmen brauchen dann nur eine Fabrik oder Maschinenanlage. Und die können sie mit großen Mengen besser auslasten als viele kleine; dadurch wird die Herstellung billiger. So fallen die Transportkosten kaum ins Gewicht.

Auf einem 30-Tonner können so viele Paletten Jogurt gestapelt werden, dass die Fahrtkosten pro Becher nicht mal einen Cent betragen.

Bestseller Biopizza? Wie entscheiden Unternehmen, was sie produzieren wollen?

Wer einen Laden oder ein Restaurant aufmacht, eine Werkstatt eröffnet oder gar eine Fabrik baut, tut das, weil er damit Geld verdienen möchte. Nur zum Spaß gründet in der Regel niemand ein Unternehmen.

Also versucht er vorher abzuschätzen, ob es Kunden gibt, die seine Waren oder seinen Service haben wollen und die bereit sind, dafür auch zu bezahlen. Er wird sich bemühen, so viele Informationen wie möglich über seine potenziellen Kunden, seine Konkurrenten und die Umgebung seines künftigen Unternehmens zu sammeln.

Manche begnügen sich damit, ein paar Freunde und Bekannte zu fragen, ob sie sich tiefgekühlte Biopizza aus regional hergestellten Zutaten kaufen würden und was sie bereit wären, dafür auszugeben. Andere Unternehmen beauftragen ein Marktforschungsinstitut mit einer genauen Untersuchung, bei der professionelle Interviewer Passanten in Einkaufszentren ansprechen und für eine intensive Befragung in ihre Büros einladen. Manchmal werden neue Produkte auch in Testlabors probiert und mit Konkurrenzprodukten verglichen.

Je höher die Investition, der Geldeinsatz in Maschinen, Anlagen und Gebäude ist, umso sorgfältiger wird der Unternehmer versuchen, die Wünsche der Verbraucher und Kunden herauszubekommen, um das Risiko, dass er etwas herstellt, was keiner haben will, so gering wie möglich zu halten.

Wenn er sich schließlich für das Produkt entschieden hat, muss er einen Standort suchen, an dem er seinen Betrieb bauen will. Und ein halbes Jahr später können sich die Pizza-Freunde an einem neuen Biofladen erfreuen.

Wer im Supermarkt eine Pizza kaufen möchte, hat die Qual der Wahl: Er muss sich zwischen mindestens zehn Teigfladen mit den unterschiedlichsten Belägen und Größen entscheiden. In der Eistruhe sieht es nicht besser aus.

Warum gibt es nicht nur einen Handytyp, eine Sorte Eiscreme oder Tiefkühlpizza?

Der Kauf eines Handys kann für den unbedarften Kunden gar zur Tortur werden. Er will doch eigentlich nur günstig mobil telefonieren, doch nun muss er erst einmal alles über die Geräte, die zahllosen Nutzungsmöglichkeiten, die komplizierten Verträge und Tarife lernen. Wie soll er in dem verwirrenden Angebotsdschungel nur eine Entscheidung treffen?

So mancher Verbraucher hätte es gerne etwas einfacher. Warum kann es nicht nur eine Sorte von allem geben? Das würde doch vollkommen genügen. Natürlich erwartet er, dass es dann nur seine Lieblingssorte Gurkeneiskreme gibt, Pizza nur mit Zwiebeln und alle Handys nur mit einem Grundvertrag für Mondschein-Telefonierer ...

Das wäre allerdings ziemlich unfair den anderen Konsumenten gegenüber, die Gurkeneis nicht mögen, Zwiebeln auf der Pizza verabscheuen und gern auch schon vor 22 Uhr mit dem Handy billiger telefonieren möchten.

Außerdem hätte solche Gleichmacherei schwer wiegende Folgen für die Marktwirtschaft. Wenn den Konsumenten die Wahlfreiheit genommen wird, gibt es auch keinen Spielraum für neue, andersartige und vielleicht bessere Produkte. Und wenn keine neuen Produkte entwickelt werden, entstehen natürlich auch keine neuen Unternehmen und Arbeitsplätze. Auch unser Tiefkühl-Biopizza-Fabrikant käme dann nie zum Zuge.

Basics oder Markenware, Original oder Fälschung?

Auf den ersten Blick ist das Warenangebot verwirrend, doch wer genauer hinschaut, erkennt die feinen Unterschiede: Pizzen etwa unterscheiden sich in der Verpackung, den Zutaten, der Größe und im Preis. Natürlich muss mir die teuerste nicht unbedingt besser schmecken oder frischer, dicker, saftiger sein als eine billige.

Die Entscheidung, wie viel der Verbraucher für eine Ware ausgeben will, hängt davon ab, wie viel Geld er zur Verfügung hat. Ob man oder frau sich Nike, Ralph Lauren und Prada leisten können oder ob es die namenlose Jeans aus dem Discountladen auch tut. Oft genug lässt sich ja erst auf den zweiten Blick erkennen, ob es die Edeljeans ist oder nur eine billige Kopie. Solange es sich nur um ähnliche Produkte handelt, die sich von den Originalen ausreichend unterscheiden, ist gegen den Kauf eines Billigproduktes eigentlich nichts einzuwenden. Der Verbraucher zeigt nur, dass er oder sie smart mit ihrem Geld umgeht.

Aber wie steht es mit den Billigerzeugnissen dubioser Hinterhoffirmen, die aus simplen Uhrwerken Zeitmesser herstellen, die denen der Nobelmarke Rolex täuschend ähnlich sehen, die tausende von Raubkopien angesagter CDs pressen und verkaufen? Wer solche Fälschungen herstellt, macht sich strafbar, und nicht nur er, auch diejenigen, die sie kaufen. Weil die meisten dieser Fälschungen im Ausland produziert und an Touristen verscherbelt werden, durchsuchen deutsche Zollbeamte das Gepäck der Heimkehrer nach Fälschungen gängiger Luxusartikel.

Der Grund für das rigorose Vorgehen: Durch die dreisten Kopien werden Eigentumsrechte und Schutzgesetze verletzt. Dabei geht es um geistiges Eigentum, um Urheberrechte und die Verletzung von Markenrechten.

Urheber- und Markenrechte werden vom Staat genauso geschützt wie Handtaschen, Geldbörsen oder anderes Sacheigentum.

Außerdem wird durch die Raubkopien erheblicher wirtschaftlicher Schaden angerichtet: Die Luxushersteller erleiden Imageschäden. Wenn ihre Waren nicht mehr exklusiv, sondern überall zu einem Bruchteil des Originalpreises zu haben sind, verliert die Marke an Attraktivität. Die Kunden sehen nicht mehr ein, warum sie so viel Geld für das Original ausgeben sollen, und damit sinkt auch der Umsatz der Luxushersteller.

Dieser Händler bietet an seinem Stand in Dubai preiswerte Kopien von Luxusartikeln wie Uhren und Handys an. Die Fälschungen stammen meist aus Thailand, Singapur, Malaysia und China.

Wie wird der Preis für Handys, Nutella oder Jeans bestimmt?

Die Preispolitik der Unternehmen ist für viele Verbraucher ein Buch mit sieben Siegeln. Wie sollen sie erkennen, ob ein Händler oder Fabrikant sie gnadenlos übers Ohr haut oder ob der Preis tatsächlich dem Wert der Ware entspricht?

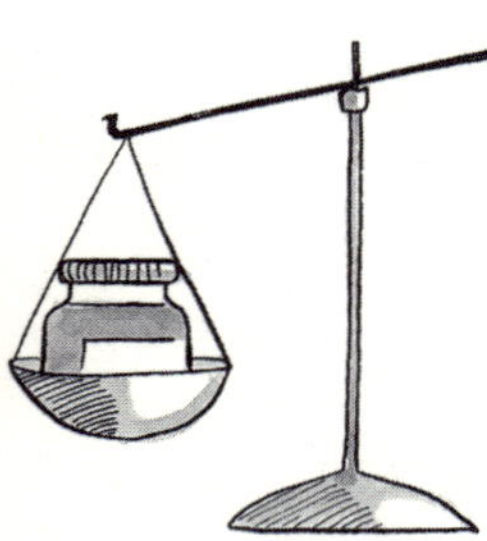

Nur wenige Waren gelangen vom Erzeuger direkt zum Verbraucher. Bei allen industriell gefertigten oder bearbeiteten Waren verdienen neben dem Hersteller auch die Händler mit.

Grundsätzlich gilt, dass kein Anbieter seine Produkte unter dem Selbstkostenpreis verkaufen darf. Das heißt, dass der Preis hoch genug sein muss, um die Ausgaben für die Herstellung zu decken. Zu diesen Kosten zählen die Ausgaben für Material, Personal, Maschinennutzung, Strom und Wasser sowie anteilig die Aufwendungen für Management, Marketing, Vertrieb, Steuern usw. Auf diese Selbstkosten wird dann noch eine Summe aufgeschlagen, die dem Hersteller als Gewinn bleibt.

Der Händler kauft die Ware zum so genannten Einkaufspreis ein und legt seinerseits seine Kosten anteilig um: Ladenmiete, Strom und Wasser, Personalkosten, Werbung. Die *Händlermarge* hängt auch von der Art der Ware und ihrer Verweildauer im Laden ab. Lebensmittel, die nur kurz im Regal eines Supermarktes liegen, werden mit knappen Aufschlägen kalkuliert, teure Designerklamotten in einer Nobelboutique, die nicht so schnell verkauft werden, mit hohen Aufschlägen. Im Autohandel werden Händlermargen von 15 bis 20 Prozent erzielt. Aus diesen unterschiedlichen Kalkulationen ergeben sich die Verkaufspreise der Produkte. Zusätzlich zur Händlermarge muss der Händler dem Preis auch noch die Mehrwertsteuer hinzurechnen, die er an den Staat abführt.

Die **Händlermarge** ist die Spanne zwischen Einkaufspreis des Händlers und seinem Verkaufspreis an den Kunden.

Wenn viele Anbieter die gleichen Produkte verkaufen, herrscht so starker Wettbewerb, dass keiner mehr verlangen kann als sein Konkurrent. Manchen Unternehmen gelingt es aber dennoch, ihre Ware teurer zu verkaufen als andere.

Coca-Cola, Porsche, Kinderschokolade: Wie werden Marken gemacht?

Das ist dann der Fall, wenn sie ihr Produkt mit einem so genannten Zusatznutzen ausstatten, einem bestimmten Extra, das der Käufer bei den Produkten der anderen Anbieter nicht findet und das dieses eine Produkt aus der Masse heraushebt und besonders begehrenswert macht. Dafür zahlt der Kunde dann sogar einen höheren Preis.

Solche Produktunterschiede werden durch das Marketing geschaffen. Dazu gehören die Marktforschung, die Produktgestaltung, die Werbung und der Vertrieb. Die Marktforschung muss herausfinden, was die künftigen Käufer wollen, die Produktgestaltung legt fest, wie die Pizza, die Cola oder die Nikes schmecken beziehungsweise aussehen und wie sie verpackt werden sollen. Aufgabe der Werbung ist es, die neuen Produkte bei den Verbrauchern bekannt zu machen und bereits angebotene Waren wieder in die Erinnerung der Käufer zu bringen. Der Vertrieb schließlich sorgt für die Verteilung der Artikel an die Geschäfte. Das Ganze ist ein vielschichtiger Prozess, der gut abgestimmt werden muss, um aus einer Produktidee einen Bestseller zu machen. Aus einer zuckerhaltigen Limonade die unverwechselbare und international bekannte Marke Coca-Cola zu kreieren, war eine Meisterleistung des Marketings.

Markenprodukte müssen bestimmte Merkmale aufweisen: hohe, gleich bleibende Qualität, wiedererkennbare Verpackung und ein unverwechselbares Image.

Marken haben also auch einen Nutzen für den Verbraucher: Sie geben ihm die Sicherheit, dass er genau das gleiche Produkt erhält wie beim vorangegangenen Kauf.

Welche Rolle spielt die Werbung?

Coca-Cola, Big Mäc, Nivea, Tempo, Porsche ... Wenn eines dieser Worte fällt, wissen die meisten Menschen in den westlichen Industriestaaten sofort, worum es geht. Die große Bekanntheit dieser Produkte ist ein Erfolg der Werbung, die sie über TV-Spots, Anzeigen in Magazinen und Reklame bei Veranstaltungen angepriesen hat.

Viele Markenartikel sind sogar zum Inbegriff einer Produktgattung geworden. Wer ein Tempo fordert, will oft einfach nur ein Papiertaschentuch haben. Wer „Coke" oder „Cola" verlangt, möchte vielleicht gerne Coca-Cola haben, wenn die aber nicht verfügbar ist, wird man ihn fragen, ob es auch ein Konkurrenzprodukt sein darf. Wenn Kinder einen Sportwagen zeichnen, kommt nicht selten die Silhouette eines Porsche 911 heraus. Diese Marken prägen das Bild, das wir von bestimmten Warengruppen haben.

Markenartikel aufzubauen ist nicht billig. Die bundesweiten Werbekampagnen verschlingen Milliardensummen. So gaben allein die deutschen Molkereien im Jahr 2001 rund 270 Millionen Euro für Werbung aus. Davon flossen 156 Millionen Euro in Fernsehwerbung für Milchprodukte wie Jogurt und Käse. Insgesamt werden jährlich mehrere Milliarden Euro für Kampagnen ausgegeben, um Markenimages zu pflegen oder aufzubauen.

Davon profitieren nicht nur die Werbeagenturen, sondern auch die Medien. Ohne Anzeigen und Werbespots der Markenartikelfirmen in den Zeitungen, Magazinen, im Fernsehen und im Radio könnten weder Print- noch elektronische Medien existieren.

Werbung kann ganz schön lästig sein: Nerviges Gedudel im Supermarkt, Werbespots mitten im spannendsten Spielfilm, schrille Leuchtreklamen in den Städten - der Dauerberieselung durch die Werbebranche entkommt keiner. Da ärgert es manchen ganz besonders, wenn er über die Kosten der Kampagnen nachdenkt.

Nichts ist umsonst ... Wer bezahlt die Reklame?

Die Rechnung für die Reklame zahlt zum größten Teil der Verbraucher, der Käufer der beworbenen Markenartikel. Wer auf bestimmte Spitzenprodukte nicht verzichten mag und lieber mit Ariel als mit Spee wäscht, lieber Apollinaris als die Magnusquelle trinkt, muss dafür deutlich tiefer in die Tasche greifen als der weniger anspruchsvolle Kunde.

Bisweilen können die Preisaufschläge erheblich sein. Zu den Branchen mit hohen Investitionen in Werbung und Vermarktung zählt die Automobilindustrie. Bei neuen Modellreihen werden oft mehr als 100 Millionen Euro allein für die Kampagne ausgegeben, um die Autofahrer auf neue oder auch nur überarbeitete Fahrzeuge aufmerksam zu machen. Würden Käufer ihre Autos hingegen direkt am Fabriktor abholen und die Konzerne auf ihre teuren Image-Kampagnen, die schicken Autohäuser und die kostenlosen Service- und Reparaturleistungen verzichten, wären die Fahrzeuge um rund 20 bis 30 Prozent billiger. Das hat der Automobilindustrie-Experte Ferdinand Dudenhöffer festgestellt. Allein wenn Autos künftig nur noch übers Internet geordert würden, könnten die Konzerne Kosten für die Vermarktung erheblich reduzieren und diese Einsparungen über niedrigere Preise an die Käufer weitergeben.

„Gut und billig“ & Co: Warum gibt es No-Name-Waren?

Gegen die Preisaufschläge auf viel beworbene Markenartikel hat sich längst Widerstand gebildet. Preisbewusste Verbraucher wollen nicht mehr die Werbung mitfinanzieren, die sie immer öfter als aufdringlich und nervend empfinden.

Doch bleibt den Werbemuffeln überhaupt eine Alternative, wenn selbst Tütensuppen und Klopapier mit Millionen von Euros beworben werden, um den Käufern in jeder Lebenslage einen passenden Markenartikel zu bieten?

Aber sicher: Alternativen zum Markenterror gibt es seit langem. Fast alle Handelsketten haben für den täglichen Bedarf preiswerte Produkte entwickelt: Unter dem Logo „Gut und billig“ oder einem anderen Motto haben die Supermärkte dieser Ketten eine komplette Warenpalette als Alternative zur teuren Markenkonkurrenz in die Regale gestellt. Die Preisdifferenz zu den stark beworbenen Produkten ist oft beträchtlich.

Doch ist auch die Qualität schlechter? Wohl kaum. Mag sein, dass einigen der „Billigmarken“ der letzte Schliff der großen Vorbilder fehlt, doch auch das ist eher selten. Die meisten namenlosen Artikel stehen den coolen und bekannten Marken näher, als viele Verbraucher denken. Oft stammen die No-Names nämlich aus dem gleichen Konzern, kommen vom gleichen Hersteller wie die Premium-Produkte.

Ein Argument für die Hersteller, sowohl das Spitzenprodukt als auch den preiswerten No-Name-Artikel zu produzieren, ist die Auslastung der Anlagen. Wenn die Werke mit den Markenartikeln nicht ausgelastet werden können, sind die Billigmarken auch für die Hersteller hochwillkommene Lückenbüßer.

Das kennt man ja: Vor zwei Monaten waren die Jeans im supercoolen Schlammgrün noch total angesagt, die bauchfreien T-Shirts unverzichtbar, und nun, kaum hat man die begehrten Teile erstanden, sind sie out, gruftig, mausetot.

In oder out, vom „Hot stuff" zum Ladenhüter – warum gibt es Sonderangebote und Rabatte?

Doch auch bei weniger trendbewussten Zeitgenossen gibt es Dinge, die je nach Jahreszeit einfach keine Konjunktur haben: Wintermäntel, Wollmützen und dicke Stiefel sind im Sommer irgendwie nicht gefragt. Umgekehrt verkaufen sich Sonnenkreme und Bikinis im Winter schlechter. Discmans, MP3-Player, DVD-Player und Fernseher haben ihre beste Zeit im November und Dezember, wenn alle losstürmen, um Weihnachtsgeschenke zu kaufen.

Diese Einkaufsgewohnheiten können preisbewusste *Konsumenten* für sich nutzen. Wer nicht unbedingt dem neuesten Modetrend folgen muss, kann dann zuschlagen, wenn die Ware der jeweiligen Saison mit hohen Rabatten angeboten wird. Das ist in Deutschland in der Regel zweimal im Jahr, nämlich Ende Januar und ab Ende Juli der Fall. Dann spätestens versuchen die Einzelhändler, ihre Lager leer zu räumen, um Platz für die neue Ware zu schaffen. Rabatte von 30 bis 70 Prozent sind in diesen Tagen keine Seltenheit.

Konsument: Verbraucher

Doch oft kommen Schnäppchenjäger auch schon vorher auf ihre Kosten: Gerade die teureren Boutiquen bemühen sich, ihre Designer-Klamotten schon vorher loszuschlagen, um mit ihren bescheideneren Rabatten nicht im allgemeinen Preiskampf unterzugehen.

Wer allerdings geschickt im Verhandeln ist, holt auch außerhalb der Sparbrötchen-Saison ordentliche Nachlässe heraus.

Konkurrenzlos teuer – was passiert, wenn es keinen Wettbewerb gibt?

Feilschen, Handeln und Rabatte sind vor allem bei solchen Waren möglich, die von vielen Herstellern und Händlern angeboten werden. In Märkten, in denen der Wettbewerbsdruck sehr hoch ist. Doch wie sehen Märkte aus, in denen es nur einen einzigen Anbieter gibt?

Von einem Monopol spricht man, wenn nur ein Anbieter (Angebotsmonopol) oder nur ein Nachfrager (Nachfragemonopol) vorhanden ist.

Wirtschaftswissenschaftler nennen solche Verhältnisse ein *Monopol*. Marktwirtschaftler sehen darin einen Sündenfall ihrer Wirtschaftsordnung, die vom Prinzip des freien Wettbewerbs ausgeht, weil der Monopolist seine überragende Marktmacht ausnutzen und seine Geschäftspartner über den Tisch ziehen kann.

Wer von München nach Hamburg mit dem Zug fahren will, hat keine Wahl, er muss mit der Deutschen Bahn fahren. Bisher gibt es nur auf wenigen regionalen Strecken private Bahnunternehmen, die der Deutschen Bahn ein wenig Konkurrenz machen können. Wer in kleinen Ortschaften wohnt, muss sich meistens mit einem einzigen Laden und dessen begrenztem Angebot zufrieden geben, wenn er nicht mit dem Auto in die nächste Stadt fahren kann oder will. Das sind klassische Monopolsituationen, in denen ein Anbieter den Markt ohne Konkurrenten beherrscht und seine Preise diktiert.

Das Fehlen von Wettbewerbern führt dazu, dass die Monopolisten ihre Alleinstellung ausnutzen und höhere Preise fordern, als es unter Konkurrenzdruck möglich wäre.

Solche Situationen können durch einen sehr starken Anbieter entstehen, aber auch durch eine Konzentration auf Seiten der

Käufer durch große Handelsorganisationen. Wenn eine große Supermarktkette wie Aldi mit ihren Bestellungen einen mittelständischen Herstellerbetrieb komplett beschäftigt, ist der Käufer Aldi der Monopolist und kann dem Unternehmer die Preise diktieren. Dabei werden die Einkäufer bei Aldi immer darauf achten, dass die Preise, die sie bezahlen müssen, so niedrig wie möglich ausfallen. Dem Produzenten bleibt oft keine andere Wahl, als sich dem Preisdiktat seines Abnehmers zu beugen, weil er sonst auf seiner Ware sitzen bleibt. Der Abnehmer wiederum rechtfertigt sein ausbeuterisches Verhalten mit dem starken Wettbewerbsdruck in der Lebensmittelbranche.

Richtig zulangen können Monopolisten allerdings nur so lange, wie sie ihre Kunden fest im Griff haben. Die Grenze der Ausbeutung ist meistens dann erreicht, wenn sich kein Kunde mehr findet, der bereit ist, unter diesen Bedingungen zu kaufen oder zu verkaufen.

Ausnahmen bilden Staatsbetriebe oder Unternehmen, die im Auftrag von Gemeinden als Einzige eine bestimmte Dienstleistung anbieten, zum Beispiel Müllentsorgungsunternehmen.

Die Gebühren für die Müllentsorgung sind in den letzten Jahren vielerorts stark angestiegen. Die privaten Haushalte können sich dem Gebührendiktat nicht entziehen, weil es im regionalen Entsorgungsmarkt nur eine Firma, einen Monopolisten, gibt.

Warum sind Kartelle überall so unbeliebt?

Wettbewerb ist nach Ansicht der Marktwirtschaftler gut, weil durch eine Vielzahl von Anbietern und Nachfragern der Ausgleich der Interessen von allen Beteiligten am besten gelingt. Die Verkäufer können keine überhöhten Preise verlangen, und die Käufer können die Anbieter nicht ausquetschen.

Ein Kartell ist der Zusammenschluss von Unternehmen, die sich untereinander absprechen, um höhere Preise am Markt durchzusetzen.

Natürlich versucht jeder, der Konkurrenz zu entkommen, um einen Extra-Gewinn zu kassieren. Dazu gibt es verschiedene Wege. Einer ist, dass Konkurrenten untereinander verabreden, dass sie ihre Produkte und Dienstleistungen nur zu einem bestimmten Preis anbieten wollen oder die Menge reduzieren, um höhere Preise zu erzielen. Solche Absprachen nennt man *Kartell.*

Eines der berühmtesten Kartelle der Welt ist die Organisation Erdöl exportierender Staaten OPEC. Dieser Verbund, dem die wichtigsten Ölförderländer der Welt angehören, bestimmt den Preis des Rohöls und die Fördermenge dieses wichtigsten Rohstoffs der Industrienationen.

Ursprünglich als Notgemeinschaft gegen die unkontrollierte Ausbeutung ihres Öls gedacht, wurde die OPEC bald zu einem mächtigen Kartell, das durch seine Absprachen zwei schwere „Ölpreisschocks" (1973 und 1981) in der westlichen Welt auslöste. Inzwischen hat sich die Macht der OPEC wieder reduziert, da die Industriestaaten sich andere Öl- und sonstige Energiequellen erschlossen haben.

In der EU und den meisten anderen westlichen Staaten sind Kartelle sowie Preisabsprachen unter einzelnen Firmen verboten, weil sie den Wettbewerb behindern.

Immer, wenn nur sehr wenige Anbieter einen Markt unter sich aufteilen, ist er bedroht. Im schlimmsten Fall bekämpfen sich nur zwei Unternehmen. Aus einer solchen Situation kann scharfer Wettbewerb entstehen oder aber ein gedeihliches Nebeneinander beider Unternehmen.

Wie funktioniert der Wettbewerb bei wenigen Anbietern?

Harter Wettbewerb herrscht in Märkten mit wenigen Anbietern, wie zum Beispiel unter den Mineralölfirmen. Das könnte man zumindest meinen, wenn man sich die Werbung der einzelnen Konzerne anschaut. Doch an der Tankstelle selbst hat man oft einen anderen Eindruck: Der entscheidende Benzinpreis bewegt sich bei Esso, Shell, BP, Aral und DEA eigentlich immer im Gleichschritt. Bei jeder Preiserhöhung machen ein oder zwei Anbieter den Anfang, die übrigen folgen dann im Laufe weniger Tage. Der Grund für das so offenkundig abgestimmte Verhalten liegt im aktuellen Preis für Rohöl, über den sich alle Konzerne sowie jeder Verbraucher ständig informieren können. Wenn der Preis für Rohöl steigt, wird auch der Spritpreis erhöht – im Gleichschritt.

Die Existenz zweier Unternehmen nennt man Duopol, wenn sich mehrere Organisationen im selben Bereich tummeln, spricht man von einem Oligopol.

Dennoch hat dieses Verhalten immer wieder das Bundeskartellamt, das den Wettbewerb überwachen und jede Behinderung verbieten soll, auf den Plan gerufen. Doch Kartellabsprachen konnten den Mineralölkonzernen nie nachgewiesen werden.

Ein Beispiel für scharfen Wettbewerb unter zwei großen Konkurrenten ist das internationale Flugzeuggeschäft. Nur die europäische Firma Airbus und der US-Konzern Boeing bauen Düsenjets für den kommerziellen Luftverkehr. Dabei herrscht brutaler Preiswettbewerb.

Der Big Mäc ist versalzen: Welche Rechte habe ich als Käufer?

Es gibt Tage, da geht alles schief. Selbst der lang ersehnte Einkaufsbummel wird zum Horrortrip. Nichts passt, und das, was man endlich erstanden hat, entpuppt sich zu Hause als Gurke. Die Hose ist zu eng. Der Pulli hat ein Loch. Und das Einzige, was der Wasserkocher zum Kochen bringt, bin ich.

Bevor man jetzt an die Decke geht, sollte man sich klar machen, dass man auch als Verbraucher Rechte und Ansprüche hat. Schließlich wurde der Pullover ja nicht mit Monopoly-Scheinen bezahlt, sondern mit richtigen, knisternden Euroscheinen. Dafür darf man dann auch korrekte Ware ohne Fehler erwarten. Löcher im Pullover gehören nicht dazu. Also nichts wie hin ins Geschäft und umgetauscht.

Doch was passiert, wenn die Verkäuferin darauf besteht, dass das gute Stück den Laden in einwandfreiem Zustand verlassen hat? Dann muss der Kunde das Gegenteil beweisen. Und das ist meistens schwierig. Recht haben und Recht bekommen ist nicht immer dasselbe. Oft hilft es aber schon, seine Forderung laut und deutlich vorzutragen oder nach dem Geschäftsführer zu fragen. Ein Aufstand in einer gut besuchten Boutique ist nicht gerade geschäftsfördernd. Ob man allerdings sein Geld zurückbekommt, einen einwandfreien Ersatz oder einen Gutschein, das ist von Geschäft zu Geschäft verschieden.

Schwieriger wird die Rückgabe eines teuren Partydress, der am Freitag oder Samstag gekauft und am darauf folgenden Montag oder Dienstag ohne Angabe von besonderen Gründen zurückgebracht wird. Da muss sich der Kunde schon gefallen lassen, dass das Kleidungsstück genau unter die Lupe genommen wird, um festzustellen, ob es nicht seinen Zweck bereits erfüllt hat und jetzt unerlaubterweise als Neuware umgetauscht werden soll. Das gibt es auch! Und kein Geschäft ist verpflichtet, getragene Textilien zurückzunehmen.

Grundsätzlich gilt, dass Ware mit offenkundigen Mängeln und Fehlern zurückgenommen werden muss, wenn diese schon vor Geschäftsabschluss aufgetreten sind und dem Käufer nicht mitgeteilt wurden.

Das gilt auch für Ausverkaufsware, die mit dem Hinweis „Umtausch ausgeschlossen" auf dem Kassenzettel verkauft wird. Auch bei dieser verbilligten Ware kann der Käufer davon ausgehen, dass er einwandfreie Produkte erhält. Wichtig ist allerdings auch, dass die Rückgabe so schnell wie möglich erfolgt. Einen Hinweis auf Rückgabefristen geben beispielsweise Bestellungen bei Versandhändlern. Dort wird den Kunden eine 14-tägige Frist eingeräumt, während der die Ware bei Nichtgefallen wieder zurückgeschickt werden kann. Wer sich an der Haustür von Vertretern einen Staubsauger aufschwatzen lässt, kann das Geschäft ebenfalls innerhalb von 14 Tagen rückgängig machen und sein Geld zurückbekommen.

Reklamationen im Restaurant über versalzenes oder verdorbenes Essen müssen natürlich sofort erfolgen und nicht, wenn der Teller schon geleert ist. Auch da ist der Kunde meist vom Entgegenkommen des Wirtes abhängig. In den meisten Restaurants wird das bemäkelte Essen nicht berechnet oder aber ohne Aufpreis ein einwandfreies Gericht gebracht.

In Streitfällen, wenn der Restaurantbesitzer oder der Ladeninhaber keine Einsicht zeigt, bleibt dem Kunden nur der Weg zur Verbraucherberatung. Wem das zu mühsam ist, der kann den Schaden nur als unerfreuliche Erfahrung abbuchen und den Laden oder die Kneipe künftig meiden.

Arbeiten und Verdienen

Was ist eigentlich Arbeit?

Babysitten, Fließband-Maloche, Kicken in der Nationalmannschaft, Animateur in einer Ferienanlage in der Südsee, Autos reparieren, Häuser bauen, Käse verkaufen, Rosen züchten ... Was genau bezeichnet man im volkswirtschaftlichen Sinn eigentlich als Arbeit?

Fragen wir einfach mal ein Lexikon: Arbeit ist laut Brockhaus „das bewusste, zielgerichtete Handeln des Menschen zum Zweck der Existenzsicherung wie der Befriedigung von Einzelbedürfnissen; zugleich wesentliches Moment der Daseinserfüllung".

Hm. Klingt irgendwie so, als ob Schularbeiten oder Rasenmähen nicht so richtig dazugehören. Ein wichtiges Merkmal von Arbeit, egal ob körperlicher oder geistiger, scheint es zu sein, dass sie ein wirtschaftliches Ziel verfolgt, sprich: dass man dafür in Form von Lohn oder Gehalt bezahlt wird. Daneben legt der Brockhaus Wert auf die Feststellung, dass Arbeit dazu beiträgt, dem menschlichen Leben Sinn zu verleihen.

Andere Definitionen unterscheiden zwischen selbstständiger Arbeit (Tätigkeiten, die in eigener Verantwortung und auf eigene Rechnung erfolgen) und unselbstständiger Arbeit (Tätigkeiten, die auf Rechnung eines Arbeitgebers erfolgen).

In der Wirtschaftstheorie wird Arbeit, also die menschliche Arbeitsleistung bei der Herstellung von Gütern, neben Kapital und Boden als einer der drei *Produktionsfaktoren* verstanden.

Produktionsfaktoren sind wirtschaftliche Güter, die nicht direkt der Befriedigung von Bedürfnissen, sondern der Produktion anderer Güter dienen.

Wenn in den folgenden Kapiteln von Arbeit die Rede ist, verstehen wir darunter also Erwerbsarbeit, das heißt alle Formen von Arbeit, mit denen man Geld verdienen und seinen Lebensunterhalt bestreiten kann.

Beim Wort Kinderarbeit denkt jeder sofort an ausgebeutete Kinder in der Dritten Welt, Hungerlöhne und schreckliche Arbeitsbedingungen. Was die meisten Leute nicht wissen: Auch in Deutschland arbeiten immer mehr Jugendliche neben der Schule.

Ausbeutung oder Extra-Geld – ab wann darf man arbeiten?

Der Deutsche Kinderschutzbund schätzt, dass in Deutschland rund 700 000 Kinder durch Nebenjobs ihr eigenes Geld verdienen. Etwa die Hälfte aller Acht- bis Zehntklässler arbeitet mehr oder weniger regelmäßig. Der Grund dafür liegt wohl in den gestiegenen Ansprüchen der Jugendlichen, die die Eltern oft nicht bezahlen können oder wollen. Die Meinungen, ob die Arbeit von Jugendlichen neben der Schule einen unzumutbaren Missstand darstellt oder im Gegenteil sogar positiv zu bewerten ist, gehen weit auseinander.

Nach dem Jugendarbeitsschutzgesetz ist die Beschäftigung von Kindern unter 14 Jahren grundsätzlich verboten. Nur wenn Kinder, die älter als drei Jahre sind, im Theater, bei Konzerten, bei Filmaufnahmen oder Hörspielen und Werbesendungen mitmachen sollen, können Ausnahmegenehmigungen erteilt werden. Schulpflichtige Jugendliche über 14 Jahren dürfen bis zu zwei Stunden am Tag – außer am Wochenende – so genannte „leichte Tätigkeiten“ ausführen. Das kann zum Beispiel das Austragen von Zeitungen, Babysitten oder Nachhilfeunterricht sein.

Jugendliche, die nicht mehr der vollen Schulpflicht unterliegen, dürfen eine Berufsausbildung beginnen. Außerdem dürfen sie bis zu sieben Stunden täglich und bis zu 35 Stunden wöchentlich beschäftigt werden.

Schuften bis zum Umfallen? Wie viel muss man arbeiten?

Für die meisten Angestellten beginnt der Tag im Büro zwischen 8 und 9 Uhr und endet zwischen 16 und 17 Uhr. Dazwischen liegt eine Mittagspause von einer halben Stunde. Doch diese Arbeitszeiten sind keineswegs die Regel.

In Fabriken und Handwerksbetrieben beginnt der Arbeitstag meist schon um 7 Uhr. Viele Produktionsunternehmen haben aber auch Schichtbetrieb eingeführt, damit die teuren Anlagen rund um die Uhr ausgelastet sind.

Im Schnitt gilt in den meisten Branchen in den alten Bundesländern die 38,5-Stunden-Woche, in den ostdeutschen Betrieben wird in der Regel noch 40 Stunden gearbeitet. Die tägliche oder wöchentliche Arbeitszeit kann aber auch verlängert werden, wenn davon ein bestimmter Anteil nur aus Bereitschaftsdienst besteht oder wenn saisonbedingt mehr Arbeit anfällt. Allerdings muss die Mehrarbeit dann bei weniger Arbeitsanfall wieder abgebummelt werden können. Unternehmen können auch einführen, dass – gegen entsprechende Zulagen – an Wochenenden, Sonn- und Feiertagen gearbeitet wird.

Die Zahl der Urlaubstage pro Jahr richtet sich nach dem Alter der Beschäftigten und nach den tarifvertraglichen Regelungen. Sie liegt üblicherweise zwischen 25 und 30 freien Tagen.

Doch die starren Arbeitszeiten, die früher noch die Regel waren, sind mittlerweile eher die Ausnahme. Durch die *Flexibilisierung* der Arbeit gibt es in der Zwischenzeit mehr als 100 Kombinationen von Arbeitszeit-Modellen. Über Zeitkonten werden beispielsweise Überstunden gesammelt, die dann zu anderen Zeiten abgefeiert werden.

Unter Flexibilisierung versteht man die anpassungsfähigere Gestaltung von Arbeitszeit.

Studium oder Lehre? Diese Entscheidung sollte im Idealfall vom Berufswunsch und von persönlichen Vorlieben, nicht aber vom Einkommen der Eltern bestimmt werden. Die Realität sieht allerdings oft anders aus.

Studieren nur für Reiche? Wer zahlt die Ausbildung?

Studieren ohne Geld von zu Hause? Na klar, das geht. Wenn die Eltern über genug Geld verfügen, sind sie verpflichtet, die erste Berufsausbildung ihrer Kinder oder ein Studium zu finanzieren. Dieses Recht können die Kinder sogar einklagen. In allen anderen Fällen hilft der Staat den Auszubildenden. Dafür gibt es das Bundesausbildungsförderungsgesetz.

Diese Hilfen, das so genannte Bafög, bekommen nicht nur Studenten, sondern auch Schüler von Haupt-, Real-, Gesamtschulen und Gymnasien ab der 10. Klasse, Berufsfachschüler und Teilnehmer an berufsvorbereitenden Kursen, die einen qualifizierten Abschluss anstreben, Fachhochschulbesucher und Schüler von Fachoberschulen sowie Teilnehmer an Abendhauptschulen, Berufsaufbauschulen, Abendgymnasien und Kollegs. Voraussetzung ist allerdings, dass die Bafög-Empfänger jünger als 30 Jahre sind. Schülern und Studenten, die sich schon länger in der Ausbildung befinden, bietet die Regierung unter Umständen auch einen „Bildungskredit" für besondere Situationen an, etwa Aufenthalt im Ausland.

Daneben gibt es aber auch Studienstiftungen der politischen Parteien und Kirchen, die ebenfalls Studenten unterstützen. Von diesen Stiftungen zu profitieren, ist allerdings nicht immer einfach. Außer guten Noten sollten die Bewerber vor allem politisches oder soziales Engagement vorweisen können.

Wenn alles nicht klappt oder die Bafög-Obergrenze bereits erreicht ist, bleiben der Gang zum Sozialamt und der Antrag auf Hilfe zum Lebensunterhalt.

Angestellt oder selbstständig – wie werde ich mein eigener Chef?

Wer ein eigenes Unternehmen gründen will, braucht eine Geschäftsidee, meistens auch Geld, vor allem aber: einen Businessplan. Das ist eine detaillierte Aufstellung, in der genau dargelegt wird, was er wie, warum, mit welchen Mitteln, Risiken und Erfolgen unternehmen will.

Zunächst sollte sich der Jungunternehmer darüber klar werden, ob er die Voraussetzungen für den Sprung ins freie Unternehmertum mitbringt. Er muss mindestens 18 Jahre alt sein, außerdem braucht er Kenntnisse in Buchführung und Personalmanagement. Darüber hinaus muss er sich erkundigen, ob für sein neues Geschäft spezielle Genehmigungen oder Prüfungen gefordert werden. Erst wenn diese Fragen geklärt sind, kann er seinen Businessplan entwickeln.

Herzstück eines Businessplans ist die ausführliche Beschreibung, wie die Geschäftsidee umgesetzt werden kann. Welche Güter oder Dienstleistungen sollen hergestellt, und zu welchem Preis sollen sie wo angeboten werden? Wie viele Mitarbeiter sollen dafür eingestellt werden und zu welchem Gehalt? Welche Maschinen, Anlagen oder Computer müssen angeschafft werden? Die Kosten und die Lage der Geschäftsräume müssen ebenso dargestellt werden wie der Kapitaleinsatz und wie das Geld beschafft werden soll.

Für Existenzgründer gibt es staatliche Förderprogramme.

Banken und andere mögliche Investoren erwarten aber auch eine umfangreiche Analyse des Umfeldes. Wie viele Mitbewerber gibt es? Welche Chancen hat mein Produkt auf dem Markt?

Im Schnitt gibt jeder zweite Selbstständige bald wieder auf. Die Gründung eines eigenen Unternehmens will also gut überlegt sein.

Eigentlich will man ja nur einen Beruf lernen und dann einen anständig bezahlten Arbeitsplatz haben. Was haben all diese Kammern und Genossenschaften damit zu tun? Sind das nicht Überbleibsel aus längst vergangenen Zeiten? Was machen die eigentlich?

Warum gibt es Berufsgenossenschaften und Handwerkskammern?

Berufgenossenschaften kümmern sich in erster Linie um die Sicherheit am Arbeitsplatz. Sie überprüfen die Schutzvorrichtungen vor allem bei den gewerblichen Berufen, zum Beispiel Dachdeckern. Wenn ein Unfall passiert, schicken die Berufsgenossenschaften Sachverständige, die aufklären sollen, wie es dazu kommen konnte.

Die insgesamt 55 Handwerkskammern in Deutschland sind für die Handwerksbetriebe und ihre Beschäftigten zuständig. Sie kümmern sich um die Aus- und Weiterbildung ihrer Mitglieder und sorgen dafür, dass in ihren Bereichen die Leistungen den Qualitätsstandards entsprechen. Außerdem achten sie darauf, dass Aufträge und Ausschreibungen ordnungsgemäß durchgeführt werden, und versuchen, ihre Mitglieder vor illegalen Billiganbietern zu schützen.

Entstanden sind die Handwerkskammern aus den mittelalterlichen Zünften, die Ausbildung und Qualität des jeweiligen Gewerbes streng kontrollierten.

Die Zunftmeister entschieden früher, wer ein bestimmtes Handwerk erlernen und wer die Meisterprüfung ablegen durfte.

Von den Zunftordnungen war in Deutschland bis vor kurzem noch die Auflage übrig geblieben, dass sich Handwerker nur selbstständig machen dürfen, wenn sie die Meisterprüfung abgelegt haben. Diese Bedingungen wurden jedoch von der EU schon lange als Wettbewerbsbehinderung kritisiert. Inzwischen ist eine Änderung der Regelung im Gang.

An der Steuer vorbei ... Was ist Schwarzarbeit?

Nach Feierabend geht für viele die Arbeit erst richtig los, dann wird renoviert, repariert, gemauert, saniert. Von Freitag bis Sonntag streicht der Maler mal eben eine Wohnung, der Klempner baut neue Armaturen ein, der Kfz-Mechaniker bringt ein Auto wieder auf Touren - alles gegen bar und ohne Rechnung, alles schwarz.

Fast jeder zweite Arbeitnehmer hat schon mal Schwarzarbeiter beschäftigt oder selbst mit angepackt und ohne Rechnung kassiert. Der Staatskasse entgehen so Jahr für Jahr Milliarden an Steuereinnahmen. Kaum jemand, der in seiner Freizeit und am Wochenende so kräftig schafft, macht sich klar, dass er damit ein hohes Risiko eingeht. Denn Schwarzarbeit ist verboten und wird mit hohen Geldstrafen geahndet. Außerdem riskiert der Schwarzarbeiter oft auch seinen Arbeitsplatz. Denn viele Unternehmer und Handwerksmeister verstehen keinen Spaß, wenn sie erfahren, dass ihre Mitarbeiter ihnen die Aufträge wegschnappen und auf eigene Kasse arbeiten.

Sollte sich ein Arbeitnehmer bei der illegalen Wochenendarbeit gar verletzen oder einen Arbeitsunfall erleiden, kann er im schlimmsten Fall sogar seinen Versicherungsschutz verlieren.

Wer keinen festen Job hat und sein Arbeitslosengeld mit solch einträglichen Nebenbeschäftigungen aufbessern will, läuft Gefahr, dass ihm die staatlichen Leistungen gestrichen werden.

Doch bisher haben die Strafen keine wirklich abschreckende Wirkung auf den illegalen Arbeitseinsatz nach Feierabend gezeigt. Die Razzien der Polizei nehmen zu, aber das Bargeld lacht.

Manche Arbeitnehmer, etwa in medizinischen Berufen oder der Gastronomie, immer öfter aber auch im Einzelhandel und in der Industrie, arbeiten ganz offiziell und legal am Wochenende.

Tagsüber im Büro, abends an den Strand? Wer träumt nicht davon, für einige Jahre dort zu arbeiten, wo andere für teures Geld Ferien machen? Oder für immer auszuwandern, in ein anderes Land oder gleich auf einen anderen Kontinent? Zum Beispiel, sein Glück in der Neuen Welt zu suchen oder in London oder Paris ...

Darf ich auch im Ausland arbeiten?

Dem Fernweh deutscher Arbeitskräfte steht nichts im Wege – zumindest, solange sie sich innerhalb der Europäischen Union verändern wollen. Die EU-Verträge sehen ausdrücklich nicht nur Freizügigkeit im Güter- und Kapitalverkehr vor, sondern auch Niederlassungsfreiheit und Arbeitserlaubnis für die Bürger der EU. Kein EU-Arbeitnehmer darf bei Bewerbungen um einen Arbeitsplatz in einem anderen Land der Union diskriminiert werden.

Ganz andere Hürden muss jemand nehmen, der lieber in den USA arbeiten und leben möchte. Er braucht dafür eine Arbeitserlaubnis, eine so genannte Greencard. Diese Greencards werden nicht gerade großzügig verteilt. Offiziell beantragen können Staatsbürger anderer Länder die Arbeitserlaubnis nur, wenn sie mit einem Amerikaner oder einer Amerikanerin verheiratet sind.

Wenn das nicht der Fall ist, muss eine amerikanische Firma einen Antrag stellen und begründen, dass der Arbeitsplatz nur mit diesem ausländischen Bewerber und seinen ganz speziellen Qualifikationen besetzt werden kann.

Einfacher ist es, wenn man nur ein Praktikum im Ausland machen möchte.

Jeder nur drei Handgriffe? Wie wird Arbeit organisiert?

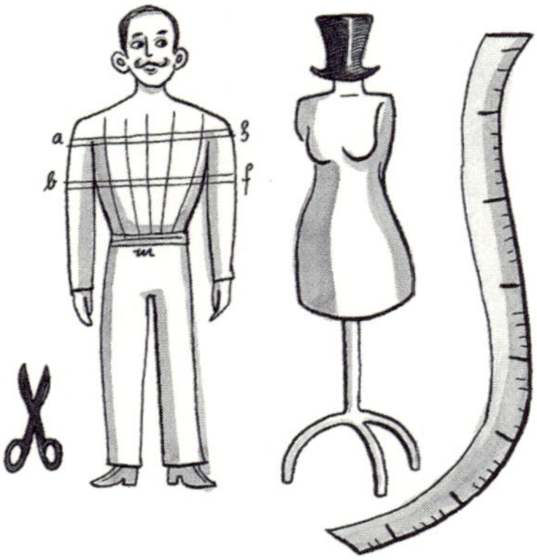

Während früher ein Schuster ein Paar Stiefel noch komplett herstellte, sind solche Maßarbeiten heute kaum noch zu bezahlen. Schuhe, Textilien, Autos - fast alle Produkte werden von vielen Maschinen und Arbeitnehmern in zahllosen kleinen Einzelschritten hergestellt.

Die Aufteilung der Arbeit hat eine lange Geschichte. Schon der schottische Wirtschaftswissenschaftler Adam Smith machte im 18. Jahrhundert erste Vorschläge zur Aufsplitterung von Arbeitsprozessen. Wenn jeder nur das macht, was er besonders gut kann, so Smiths Überlegung, wird das fertige Erzeugnis besser sein, als wenn es von einem Arbeiter allein hergestellt wird.

Die Zerlegung des Produktionsprozesses in viele einzelne Schritte hat längst fast alle Bereiche der Industrie erobert. Besonders deutlich wird sie bei der Fließbandarbeit, wo jeder Arbeiter nur noch wenige Handgriffe an den vorbeirollenden Produkten ausführt. Dadurch können die einzelnen Teile schneller und billiger erzeugt werden. Fachleute sprechen von „Economies of scale", Kostenvorteilen, die durch eine Massenproduktion entstehen. Die heutige Massenproduktion von Gütern wäre ohne die betriebliche Arbeitsteilung und den Einsatz von Automaten undenkbar.

Die Zerlegung der Arbeit, vor allem wenn sie zu weit getrieben wird, hat aber auch negative Folgen. Oft wird dadurch die Arbeit eintönig, und der einzelne Arbeiter sieht nicht mehr, wie seine Arbeitsschritte mit dem Endprodukt zusammenhängen. Er verrichtet nur noch einzelne, monotone Handgriffe und weiß nicht, welchen Sinn sie für das fertige Erzeugnis haben. Das kann schlimme Folgen für die Qualität haben.

In den vergangenen zwei Jahrzehnten wurden Produktionsprozesse deshalb oft wieder zusammengelegt.

Vorreiter waren japanische Konzerne vor allem in der Automobilindustrie, die selbstständigen Arbeitsgruppen die Verantwortung für einen Teil des Fertigungsprozesses übertrugen. Die Unternehmen in den anderen westlichen Industriestaaten folgten dem japanischen Beispiel bald nach.

Mit solchen und ähnlichen Maßnahmen erreicht man, dass sich die Arbeiter mehr mit den Produkten identifizieren, die sie herstellen, sich für die Qualität des Endprodukts verantwortlich fühlen und auch selbst Vorschläge zur Verbesserung der Produktion machen.

In vielen Unternehmen müssen die Arbeiter am Fließband heute wieder mehrere unterschiedliche Arbeitsschritte ausführen können.

Haste mal 'nen Job? Wie entstehen Jobs und Arbeitsplätze?

Arbeitsplätze sind in Deutschland Mangelware. Um die fünf Millionen Arbeitslose, das sind gut zwölf Prozent aller Erwerbsfähigen, hatte die Bundesagentur für Arbeit Anfang 2006 registriert. 600 000 von ihnen waren Jugendliche unter 25 Jahren.

Was die Lage der Jobsuchenden wirklich verbessern könnte, wäre ein lang anhaltender Konjunkturaufschwung, der der Wirtschaft Wachstumsraten von mehr als drei Prozent bescheren würde, ohne jedoch auf der anderen Seite durch zu große Lohnerhöhungen und damit verbundene Preissteigerungen die Inflation zu beschleunigen.

Doch solche Wachstumsphasen, in denen viele neue Arbeitsplätze geschaffen werden, sind selten. Also müssen Politik und Wirtschaft selbst dafür sorgen, dass es wieder mehr Arbeit gibt oder dass die vorhandene Arbeit besser verteilt wird.

Ein Motor für Wachstum und Arbeitsplätze sind Innovationen, neue Produkte und Dienstleistungen, die bei den Verbrauchern gut ankommen und so die Entstehung neuer Unternehmen fördern.

Die Arbeitslosigkeit kann durch verschiedene Maßnahmen gemildert werden, zum Beispiel durch den Abbau von Überstunden oder die Einführung von Teilzeitarbeit, bei der sich zwei Arbeitnehmer einen Job teilen.

Viele Wirtschaftsexperten und Politiker sind der Ansicht,

Wenn es der Wirtschaft gut geht, haben die Unternehmen viele Aufträge und einen hohen Bedarf an Arbeitskräften. Dann bilden sie auch junge Leute aus.

dass gesetzliche Vorschriften reduziert und die Kündigungsfristen verkürzt werden müssten, um die Hemmschwelle der Unternehmer, neue Arbeitskräfte einzustellen, zu senken. Außerdem fordern sie, das Arbeitslosengeld zu verringern, um den Jobsuchenden mehr Anreize zu geben, auch schlecht bezahlte Arbeit anzunehmen.

Doch ohne Wirtschaftswachstum schüren diese Rezepte vor allem sozialen Unfrieden. Sie können die Arbeitslosenzahlen sogar noch erhöhen, weil viele Unternehmen sich von Mitarbeitern, die sie zu viel an Bord haben, trennen.

Erst wenn wirklich die Nachfrage anzieht und die Unternehmen dauerhaft volle Auftragsbücher haben, werden neue Stellen geschaffen. Grundsätzlich kann man sagen, dass Arbeitsplätze teuer sind: In der Chemieindustrie werden die Kosten für einen neuen Arbeitsplatz auf rund 500 000 Euro geschätzt.

Zwischen Hungerlohn und Spitzengehalt: Welchen Preis hat die Arbeit?

Wer träumt nicht vom großen Geld? Wer möchte nicht wie Bundesliga-Kicker, Banker und Topmanager endlich einmal richtig Kasse machen? Doch wie schafft man es, in die Champions League der Einkommensmillionäre vorzustoßen?

Im realen Leben geht es meist bescheidener zu: Babysitten bringt etwa 5 Euro pro Stunde, Fließbandmontage vielleicht 50 Euro pro Stunde. Das Durchschnittseinkommen liegt in Deutschland derzeit bei rund 3000 Euro pro Monat. Das macht bei 13 Monatsgehältern 36 000 Euro pro Jahr. Kein Hungerlohn, aber Welten von den Spitzeneinkommen entfernt. Nicht wenige Durchschnittsverdiener fragen sich deshalb schon, warum Bankenchefs und Profifußballer mit Millionengehältern bedient werden. Haben sie mehr gearbeitet, mehr Talent, eine bessere Ausbildung oder einfach nur Glück gehabt – im Joblotto sechs Richtige angekreuzt?

Grundsätzlich richtet sich auch das Einkommen – soweit es nicht über einen Tarifvertrag geregelt ist – nach dem Angebot auf dem Arbeitsmarkt. Wenn nur wenige Bewerber die gerade besonders gesuchte Berufausbildung vorzuweisen haben, zahlen die Unternehmen auch Spitzengehälter, um diese Stellen überhaupt besetzen zu können. Das Gleiche gilt für Spitzensportler in populären Sportarten. Auch da ist die Auswahl an Talenten nicht sehr groß und die Spitzenposition schon aus Altersgründen nur eine begrenzte Zeit zu halten.

Bei den Megaverdienern in der Wirtschaft ist oft ein Teil des Gehalts erfolgsabhängig – wenn es der Firma schlecht geht, bekommt auch der Topmann weniger.

Soll das etwa alles sein? Wer bestimmt Lohn und Gehalt?

„Chef, ich brauch mehr Geld!" Wenn es doch nur so einfach wäre: zum Boss marschieren, ihm mal ganz locker erklären, was man kann und wie viel man geschafft hat, und dann bei einer Tasse Tee die Gehaltserhöhung fürs nächste Jahr aushandeln.

Wer in großen Konzernen arbeitet, hat normalerweise nicht einmal die Chance, in die Nähe des obersten Unternehmenschefs zu kommen. In großen Betrieben werden die Gehälter von Arbeitern und Angestellten, die nach Tarif bezahlt werden, in den Tarifrunden zwischen Gewerkschaft und Arbeitgeberverband ausgehandelt. Dort wird auch festgelegt, für welchen Zeitraum die Vereinbarung gilt. Der Tarifvertrag regelt schließlich auch noch den Mindestlohn, der in einem bestimmten Wirtschaftszweig gezahlt werden muss.

Wer in einem kleinen Betrieb arbeitet, in dem der Chef auch für die Personalangelegenheiten zuständig ist, kann hingegen Mitarbeitergespräche, bei denen die Leistung des Arbeitnehmers bewertet wird, durchaus auch für Gehaltsforderungen nutzen.

Ein allzu forscher Vorstoß zur unpassenden Zeit kann die Aussichten auf mehr Geld allerdings auch leicht vermasseln.

Das Einkommen wird je nach Beruf anders bezeichnet: Arbeiter bekommen Lohn, Angestellte und Beamte Gehalt. Freiberufler, zum Beispiel Anwälte oder Ärzte, erhalten ein Honorar, bei Künstlern spricht man von einer Gage.

Was ist der Unterschied zwischen Brutto- und Nettoeinkommen?

Da hat man am Monatsende endlich die Gehaltsabrechnung in der Hand, reißt den Umschlag auf und traut seinen Augen nicht. Dort, wo der Auszahlungsbetrag ausgewiesen ist, steht eine lächerlich kleine Summe. Zeit, sich an den Unterschied zwischen brutto und netto zu erinnern ...

Die Begriffe brutto (gesamt) und netto (rein) kommen aus dem Italienischen.

Beim Bruttolohn, über den bei der Einstellung verhandelt wurde, handelt es sich um den Gesamtverdienst ohne Abzüge. Der Anteil, der von diesem großzügig klingenden Bruttoentgelt abgezogen wird, richtet sich nach dem Familienstand, der Zahl der zu versorgenden Kinder und der Höhe des Bruttoeinkommens.

Die Unternehmen zahlen also über den Bruttolohn hinaus für jeden Beschäftigten noch einen „zweiten Lohn".

Abgezogen werden die Beiträge zur Sozialversicherung, das heißt Kranken-, Renten-, Arbeitslosen- und Pflegeversicherung. Diese Beiträge leisten nicht nur die Arbeitnehmer, sondern in gleicher Höhe noch einmal der Arbeitgeber für jeden Beschäftigten. Außerdem gehen vom Bruttolohn noch die Lohnsteuer und, bei Kirchenmitgliedern, die Kirchensteuer ab.

Wenn der Arbeitgeber seinen Angestellten auch eine zusätzliche betriebliche Rente bezahlt, zu der der Arbeitnehmer seinen Teil beitragen muss, wird auch dieser Betrag vom Bruttogehalt abgebucht. Der Rest wird dann als Nettogehalt ausgezahlt.

Betrieb, Firma, Unternehmen - im alltäglichen Sprachgebrauch verwenden wir diese drei Worte in der gleichen Bedeutung. Streng genommen bezeichnet „Betrieb" nur eine bestimmte Produktionsstätte. Und die „Firma" ist der Handelsname, unter dem ein Unternehmen seine Geschäfte betreibt.

Was ist ein Unternehmen, und wie ist es organisiert?

In den Unternehmen werden unter Einsatz von mehr oder weniger vielen Mitarbeitern und Maschinen die Waren und Dienstleistungen hergestellt, die man auf dem Markt kaufen kann.

Ziel jedes Unternehmens ist es, seine Waren möglichst Gewinn bringend zu verkaufen. Denn um zu überleben, muss ein Betrieb Überschüsse erwirtschaften, das heißt, seine Einnahmen müssen höher sein als die Ausgaben.

Je nach Rechtsform unterscheidet man verschiedene Arten von Unternehmen: Ein Einzelunternehmer leitet seinen Betrieb allein, haftet allerdings auch mit seinem gesamten (Privat-) Vermögen für seine Firma.

Fast 90 Prozent aller Betriebe in Deutschland sind Einzelunternehmen. In ihnen arbeitet aber nur knapp ein Drittel aller Beschäftigten. Personengesellschaften werden von mehreren Personen, den Gesellschaftern, gemeinsam geleitet.

Ist ein Unternehmen als Kapitalgesellschaft organisiert, bleibt das Privatvermögen der Gesellschafter bei einem Verlust unberüht. Bei einer Aktiengesellschaft (AG) kaufen die Aktionäre kleine Anteile an dem Unternehmen. Eine *GmbH* ist eine „kleine" Aktiengesellschaft, deren Anteile aber nicht an der Börse gehandelt werden.

GmbH steht für „Gesellschaft mit beschränkter Haftung".

Ich will mitbestimmen: Warum gibt es einen Betriebsrat?

Ärger mit dem Chef. Urlaub gibt es nur im November. Stress ohne Ende. Und dann noch diese total ungerechte Beurteilung am Jahresende. Das ist doch Mobbing in Reinkultur! Wer hilft mir, wenn die Stimmung im Betrieb auf den Nullpunkt zu sinken droht und die Mitarbeiter schikaniert werden?

In allen Betrieben mit mehr als fünf Mitarbeitern haben die Beschäftigten das Recht, eine Arbeitnehmervertretung zu gründen – auch gegen den Willen des Chefs. Dieser Betriebsrat hat die Aufgabe, die Interessen der Arbeitnehmer bei Einstellungen, in Lohn- und Gehaltsfragen sowie bei Kündigungen und in vielen anderen Angelegenheiten zu vertreten. Er sorgt dafür, dass die Arbeitsbedingungen die Vorschriften aus Recht und Gesetz und aus den Tarifverträgen erfüllen.

Die Beziehungen zwischen Arbeitgebern und Betriebsrat sind genau geregelt. Das Gesetz verpflichtet den Arbeitgeber, den Betriebsrat über alle Ereignisse und Planungen, die die Interessen der Arbeitnehmer in irgendeiner Weise – negativ oder positiv – berühren, rechtzeitig und umfassend zu informieren.

Darüber hinaus kann der Betriebsrat in bestimmten Fällen Mitwirkungsrechte und Mitbestimmungsrechte wahrnehmen. In Aktiengesellschaften stellen die Arbeitnehmervertreter die Hälfte der Aufsichtsratsposten und können über die Geschäftspolitik und die Berufung von Vorständen mitreden.

Bei Konkursen verhandelt der Betriebsrat mit der Geschäftsleitung über den Sozialplan, die Abfindung für die Betroffenen.

Warum gibt es Gewerkschaften?

**Jeder kennt sie, doch was genau machen die Gewerkschaften eigentlich? Wie viele Gewerkschaften gibt es? Wie sind sie entstanden, und welche Rolle spielen sie in der heutigen Gesellschaft?
Und vor allem: Brauchen moderne Arbeitnehmer überhaupt noch Gewerkschaften?**

Die Gewerkschaften sind Vereinigungen, die sich um die Rechte und Interessen der Arbeitnehmer kümmern. Dazu gehören Gehaltsverhandlungen, Ausbildungsvergütungen, Freizeit- und Urlaubsregelungen, Kündigungsschutz und juristische Beratung. In den so genannten Tarifverhandlungen mit den Arbeitgebern handeln sie Löhne und Arbeitsbedingungen für ihre Mitglieder aus. Die Gewerkschaften vertreten jeweils die Angehörigen bestimmter Industriezweige, die IG Metall zum Beispiel Beschäftigte in Metall verarbeitenden Betrieben.

Die deutsche Gewerkschaftsbewegung begann in der Mitte des 19. Jahrhunderts. Die Industrialisierung hatte viele Menschen in die Städte gelockt und ihnen statt Arbeitsplätzen und Wohlstand Not und Elend beschert. Die ersten Arbeiter, die sich gegen die mageren Löhne organisierten, waren die Druckereiarbeiter, ihnen folgten weitere Berufsgruppen.

Heute sind acht große Einzelgewerkschaften unter dem Dach des Deutschen Gewerkschaftsbundes (DGB) zusammengeschlossen. Insgesamt sind 6,8 Millionen Arbeitnehmer Mitglieder einer der Einzelgewerkschaften. Obwohl immer weniger Beschäftigte Gewerkschaftsmitglieder sind, haben die Gewerkschaften nach wie vor großen Einfluss und sind ein wichtiger Ansprechpartner der Politik.

Gibt es auch auf Unternehmerseite Zusammenschlüsse?

Nicht nur die Arbeitnehmer, sondern auch die Unternehmer haben sich in so genannten Arbeitgeberverbänden organisiert, um gemeinsam ihre Interessen zu vertreten. In Deutschland gibt es zwei große Vereinigungen der Unternehmer und Manager.

Als Gegenmaßnahme zur Gewerkschaftsbewegung gründeten die Unternehmer bereits 1876 den Centralverband Deutscher Industrieller, der die Interessen der damaligen Konzerne allgemein in der Politik und gegen die Forderungen der Arbeitnehmer vertreten sollte.

In der Folge wurden mehrere regionale und zwei nationale Organisationen ins Leben gerufen, die sich als Arbeitgeberverbände vor allem auf die Auseinandersetzungen mit den Gewerkschaften konzentrierten.

1950 wurde der Zusammenschluss von mehreren Arbeitgeberverbänden in Bundesvereinigung der Deutschen Arbeitgeberverbände (BDA) umbenannt.

Die BDA und die ihr angehörenden Mitgliedsverbände sind die Verhandlungspartner in den Lohnverhandlungen mit den Gewerkschaften. Zurzeit sind in der BDA Verbände aus den Bereichen Industrie, Dienstleistungen, Handwerk und Landwirtschaft zusammengefasst.

Neben der BDA gibt es auf der Unternehmerseite noch den Bundesverband der Deutschen Industrie (BDI), der vor allem zur wirtschaftlichen Situation und zu konjunkturellen Problemen der Unternehmen in Deutschland Stellung nimmt und Vorschläge zur Steuerpolitik, zur Wirtschaftspolitik und zu Standortfragen unterbreitet.

Was sind eigentlich Tarifverhandlungen?

Die Bilder kennt man aus dem Fernsehen: Da stellen sich morgens übernächtigte Männer den Reportern und murmeln unverständliche Zahlen: „Der Abschluss beträgt 3,7 Prozent, die Laufzeit 24 Monate, Einmalzahlungen von 150 Euro …“, und so weiter …

Diese nüchterne Veranstaltung ist der Schlusspunkt eines fast jährlichen Rituals, der „Tarifverhandlungen“. Tarife nennt man die zwischen Gewerkschaften und Unternehmen ausgehandelten Löhne (Lohntarife), aber auch Regelungen der Urlaubstage, Arbeitsbedingungen etc. (Manteltarife). Die so genannte Tarifautonomie ist mit genau formulierten und gesetzlich anerkannten Spielregeln geschützt: Die Regierung darf sich nicht einmischen und etwa Lohnerhöhungen diktieren. Dafür sind nur die Tarifparteien, das heißt Arbeitgeberverbände und Gewerkschaften zuständig. Diese Verhandlungen sind ein hochkompliziertes Verfahren.

Die neue Verhandlungsrunde beginnt meist bereits vor dem Ablauf des vorangegangenen Vertrags. Dann fordert die beteiligte Gewerkschaft eine bestimmte Lohnerhöhung, die die Arbeitgeber entschieden ablehnen. Nach einem harten Tauziehen, vielen ergebnislosen Treffen und zahlreichen öffentlichen Schlagabtauschen kommt entweder ein Kompromiss zu Stande, oder ein unparteiischer Schlichter muss eingeschaltet werden.

Erst wenn auch der Vorschlag des Schlichters nicht die Zustimmung der betroffenen Unternehmen und Gewerkschaftsmitglieder findet, sind die Verhandlungen endgültig gescheitert: Dann greifen die Tarifpartner zu den harten Waffen: zu Streik und Aussperrung.

Trittbrettfahrer sind Arbeitnehmer, die keiner Gewerkschaft angehören, aber dennoch von den Ergebnissen der Tarifverhandlungen profitieren, weil sie nicht benachteiligt werden dürfen.

„Alle Räder stehen still …“ Wann darf man streiken?

Klasse, die Sonne scheint – nichts wie ab ins Schwimmbad. Arbeit? Nein danke. Mit dem Chef gibt's zurzeit eh nur Ärger … Ich mach 'ne Mücke, ich streike. Soll der doch sehen, wie er fertig wird.

Vorsicht, so einfach ist das nicht. Auch die Waffen im Arbeitskampf, Streik und Aussperrung, unterliegen strengen Regeln.

So gilt während der Laufzeit eines Tarifvertrags die Friedenspflicht. Erst wenn er abgelaufen ist, die Verhandlungen für den neuen Tarifvertrag gescheitert und die Schlichtungsphase zu keinem Ergebnis geführt hat, darf die Gewerkschaft zu einer Urabstimmung für einen Arbeitskampf aufrufen. Wenn die Mehrheit der betroffenen Mitglieder für den Streik stimmt, darf von einem festgesetzten Zeitpunkt an die Arbeit niedergelegt werden.

Die Gewerkschaftsführung bestimmt, ob der Streik nur in einigen wichtigen Zulieferbetrieben stattfinden soll, die aber wegen der starken Vernetzung der Unternehmen auch andere Betriebe lahm legen, oder ob alle Betriebe einer Branche bestreikt werden sollen.

Ein solcher Flächenstreik belastet die Kasse der Gewerkschaft am meisten, denn sie bezahlt während des Streiks die Löhne für ihre streikenden Mitglieder.

Nichtmitglieder gehen leer aus, deshalb sollen Streikposten verhindern, dass sie versuchen, den Streik zu brechen.

Um einen großen Arbeitskampf zu vermeiden, rufen die Gewerkschaften oft erst mal zu Warnstreiks auf. Dann wird die Arbeit nur für kurze Zeit, etwa eine Stunde, niedergelegt.

Zum Muskelspiel gehören auch Dienst nach Vorschrift, Bummelstreiks, dabei wird die Arbeit langsam weitergemacht. In sensiblen Bereichen wie dem Flugverkehr kann ein Bummelstreik der Fluglotsen schnell zu stundenlangen Verspätungen am Boden führen.

Arbeitsniederlegungen, die nicht von den Gewerkschaften wegen Tarifauseinandersetzungen organisiert werden, heißen „wilde Streiks“. Die Teilnehmer an solchen Demonstrationen riskieren die Kündigung. Die Arbeitgeber haben die Möglichkeit, Arbeitnehmer auszusperren. Zu diesem Mittel greifen sie aber nur selten.

Durch Warnstreiks verleihen die Arbeitnehmer ihren Forderungen im Arbeitskampf Nachdruck.

Wie wird ein Arbeitsverhältnis beendet?

Mal ist es ein besserer Job, mal der Umzug des Freundes in eine andere Stadt, mal sind es Frust und der Mangel an Aufstiegschancen, die Arbeitnehmer veranlassen, sich einen neuen Job zu suchen.
Doch wie kommt man aus dem alten Arbeitsvertrag raus?

Die Beendigung eines Arbeitsverhältnisses erfolgt durch die Kündigung. Wenn keine andere Regelung getroffen wurde, kann man davon ausgehen, dass die gesetzlichen Kündigungsfristen gelten, die bei Arbeitern mindestens zwei Wochen, bei Angestellten mindestens sechs Wochen zum Ende des Vierteljahres betragen. Es können aber auch längere Fristen im Vertrag vereinbart sein. Der Arbeitgeber kann auf Einhaltung dieser Fristen bestehen, deshalb empfiehlt es sich, vor dem Abschluss eines neuen Vertrages sich im alten über den frühestmöglichen Kündigungstermin zu informieren. Von ihm hängt das Eintrittsdatum in die neue Firma ab.

Eine außerordentliche, „fristlose" Kündigung kann der Arbeitnehmer nur dann aussprechen, wenn schwer wiegende Gründe vorliegen, die eine Fortsetzung des Arbeitsverhältnisses als nicht zumutbar erscheinen lassen, zum Beispiel wenn der Arbeitgeber das Gehalt nicht mehr bezahlt. Ein tolles Angebot von einem anderen Arbeitgeber zählt nicht als Grund.

Die ordentliche Kündigung muss schriftlich erfolgen und klar zu erkennen geben, dass der Arbeitnehmer seinen Arbeitsvertrag zum nächstmöglichen Termin beenden möchte. Wichtig ist, dass das Schreiben pünktlich eingeht. Wenn der Termin für die Kündigung auf das Wochenende oder einen Feiertag fällt, muss die Kündigung am Wochentag davor eingehen.

Wer hilft, wenn man gefeuert wird?

Auch das kann passieren: Man denkt, man hat den Traumjob, doch plötzlich ist alles vorbei. Die Firma ist pleite und wird dichtgemacht. Mein schöner Arbeitsplatz ist weg. Und was mache ich? Wie finde ich eine neue Stelle? Wovon soll ich meine Miete bezahlen?

Allein im Jahr 2004 machten in Deutschland rund 39 000 Betriebe Pleite. Arbeitnehmer, die Opfer einer solchen Pleite werden, denen gekündigt wird oder deren befristeter Arbeitsvertrag nicht verlängert wird, müssen sich schleunigst an die örtliche Agentur für Arbeit wenden. Das Wichtigste ist erst einmal, Arbeitslosengeld zu beantragen. Das steht jedem Arbeitnehmer zu, der während der vorangegangenen zwölf Monate ein festes Arbeitsverhältnis hatte.

Die meisten Betriebe, die Pleite gehen, sind kleine und mittelständische Unternehmen mit drei bis vier Beschäftigten.

Das Arbeitslosengeld beträgt für einen allein lebenden Arbeitnehmer im Schnitt 60 Prozent des letzten Nettolohns. Die Bundesagentur für Arbeit zahlt aber auch die Beiträge zur Kranken- und Pflegeversicherung, und die Zeit der Arbeitslosigkeit wird auf die Rente angerechnet.

Wie lange das Arbeitslosengeld gewährt wird, hängt davon ab, wie kontinuierlich der Antragsteller in den vergangenen Jahren gearbeitet und Beiträge in die Arbeitslosenversicherung eingezahlt hat. Besteht kein Anspruch (mehr) auf Arbeitslosengeld, so erhält der Jobsuchende nach bewilligtem Antrag das Arbeitslosengeld II, das etwas geringer ausfällt als das Arbeitslosengeld. Bei der Berechnung des Arbeitslosengeldes II wird auch das Vermögen des Antragstellers angerechnet. Wer beispielsweise ansehnliche Ersparnisse hat, muss diese Mittel erst verbrauchen, bevor er wieder staatliche Hilfe erhält.

Das Arbeitslosengeld II muss alle sechs Monate neu beantragt werden.

Was machen eigentlich die Agenturen für Arbeit?

Geld ist nicht alles, das gilt auch bei der Bundesagentur für Arbeit. Die örtlichen Arbeitsagenturen können und müssen viel mehr leisten, als nur den Antrag auf Stütze entgegenzunehmen. Sie sollen bei der Stellenvermittlung helfen, beraten und Weiterbildungsmaßnahmen vorschlagen und finanzieren.

Neben der finanziellen Unterstützung durch Arbeitslosengeld liegt die Hauptaufgabe der Agentur für Arbeit darin, dem Arbeitslosen bei der Suche nach einem neuen Job zu helfen. Dazu gehören umfassende Beratungsgespräche und eventuell das Angebot, an Weiterbildungsmaßnahmen teilzunehmen. In erster Linie sollen die Arbeitsvermittler versuchen, dem Arbeit Suchenden seiner *Qualifikation* entsprechende Stellenangebote zu vermitteln. Sie können Arbeitslosen aber auch raten, sich selbstständig zu machen, und sie dabei finanziell und mit Tipps unterstützen.

Qualifikation: Ausbildung und Fähigkeiten

Neben der Hilfe bei der Stellensuche bietet die Arbeitsagentur Schülern und Studenten Informationen und Unterstützung bei der Suche nach dem passenden Job an.

Wer zahlt, wenn man krank wird?

Wer hilft, wenn man mit Grippe, Beinbruch, Migräne oder sonst einem Leiden daniederliegt und nicht zur Arbeit gehen kann? Muss man dann auch auf seinen Verdienst verzichten? Und wer zahlt den Arzt, die Medikamente oder den Krankenhausaufenthalt?

Zu den Pflichtversicherungen für jeden Arbeitnehmer gehört die Krankenversicherung. Für Arbeitnehmer mit kleinen und mittleren Einkommen bis zu einer bestimmten Höhe kommen vor allem die gesetzlichen Krankenversicherungen infrage. Besser Verdienende, Beamte, Selbstständige und andere können in eine private Krankenversicherung wechseln. Familien mit Kindern kommen bei den gesetzlichen Kassen in der Regel günstiger weg. Denn Kinder und Ehepartner werden ohne Aufpreis mitversichert. Darüber hinaus können zusätzliche private Teilkrankenversicherungen abgeschlossen werden.

Die Krankenversicherung übernimmt Arzt-, Medikamenten- und Krankenhauskosten, soweit sie medizinisch notwendig sind. Das Gehalt wird während der Krankheitsdauer zunächst vom Arbeitgeber weiterbezahlt. Allerdings ist der Betrieb zur Lohnfortzahlung im Krankheitsfall nicht verpflichtet, wenn der Arbeitsausfall beispielsweise durch Sportunfälle oder grobe Fahrlässigkeit verursacht wurde.

Der Arbeitnehmer ist verpflichtet, seine Erkrankung und Arbeitsunfähigkeit dem Betrieb sofort zu melden.

Ab der 6. Woche der Krankmeldung läuft die Lohnfortzahlungspflicht des Arbeitgebers aus, ab dann zahlt die Krankenversicherung ein Krankengeld.

Die Beiträge zur gesetzlichen Krankenversicherung teilen sich Arbeitnehmer und Arbeitgeber.

Wer hilft, wenn man nicht mehr in seinem Beruf oder vielleicht gar nicht mehr arbeiten kann?

Mancher Bäcker entwickelt auf einmal eine Allergie gegen Mehlstaub, die Hairstylistin reagiert auf Färbemittel plötzlich mit Asthma und schweren Hautausschlägen, in anderen Fällen wirft ein schwerer Unfall die gesamte Karriereplanung über den Haufen. Wie geht es dann weiter?

Wer seinen Beruf aus Gesundheitsgründen nicht mehr ausüben kann, hat Anspruch auf Hilfe, um eine andere Arbeit finden zu können, die seine Gesundheit nicht belastet. Das Zauberwort heißt Umschulung, also das Erlernen eines anderen Berufes. In manchen Fällen kann das allerdings mit erheblichen Verlusten verbunden sein, zum Beispiel wenn ein eigenes Unternehmen aufgegeben werden muss. Doch viel ernster ist die Lage, wenn jemand so schwer krank ist, dass er lange vor dem Rentenalter überhaupt nicht mehr arbeiten kann.

Da hilft dann die Berufsunfähigkeitsversicherung. Sie sichert Berufstätige und deren Familien für den Fall ab, dass sie aufgrund einer Krankheit oder eines Unfalls auf Dauer den Beruf nicht mehr ausüben können. Ansprüche aus einer gesetzlichen Versicherung können bereits nach fünf Jahren Berufstätigkeit geltend gemacht werden. Zwar hilft der Staat durch Sozialhilfe und Steuererleichterungen bei dauernder Berufsunfähigkeit, wenn der Betroffene kein eigenes Vermögen hat, doch eine Berufsunfähigkeitsversicherung sichert den ehemals Berufstätigen und seine Familie deutlich besser ab.

Eine private Berufsunfähigkeitsversicherung ist vor allem für junge Berufstätige in den ersten Berufsjahren und Selbstständige ohne andere Absicherung sinnvoll.

Heutige Rentner können noch mit einer gesetzlichen Rente rechnen, die bei etwa 60 Prozent ihres letzten Nettolohns liegt. Wer künftig in Rente geht, muss sich mit deutlich weniger Geld zufrieden geben. In Zukunft wird die monatliche Zahlung sicherlich noch um einige Prozentpunkte sinken.

Riester-Rente & Co: Wer sorgt für mich, wenn ich alt bin?

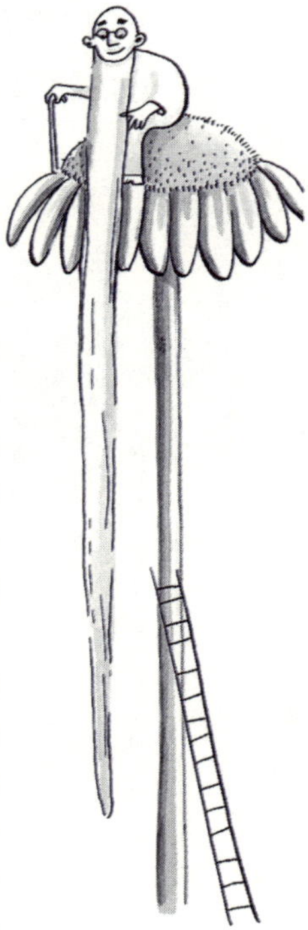

Der Grund dafür liegt in der Bevölkerungsstruktur: Immer mehr Rentner stehen immer weniger Erwerbstätigen gegenüber, die mit ihren Beiträgen zur Rentenversicherung deren Renten sichern. Die Versorgungslücke – die Differenz zwischen den gewohnten Einkommen im Berufsleben und den magereren Rentenbezügen – wird immer größer. Damit wächst die Gefahr, dass man im Alter zu wenig Geld hat und arm wird.

Abhilfe kann nur eine zusätzliche Privatrente schaffen, die aber rechtzeitig aufgebaut werden muss. Im Jahr 2001 hat die Bundesregierung deshalb eine Rentenreform verabschiedet, die den gesetzlich versicherten Arbeitnehmern die Finanzierung einer privaten Altersvorsorge erleichtern soll. Weil diese Rentenreform unter dem Bundesarbeitsminister Walter Riester entwickelt wurde, heißt sie auch Riester-Rente. Wer eine private Altersvorsorge abschließt, bekommt jetzt Geld vom Staat dazu.

Für ihre private Altersversorgung haben Arbeitnehmer die Wahl zwischen verschiedenen „Riester-Produkten", der klassischen privaten Rentenversicherung, der fondsgebundenen Rentenversicherung, Investmentsparplänen und Banksparplänen. Sie unterscheiden sich, was die Art und Zusammensetzung der Anlage und dementsprechend Risiko und Rendite angeht. Wofür er sich entscheidet, bleibt jedem selbst überlassen.

Das Leben ist gefährlich - welche Versicherung schützt vor welchen Risiken?

Gegen fast alle Risiken kann man sich absichern. Doch Vorsicht, Versicherungsverträge haben viele Klauseln, die bestimmte Schadensfälle vom Versicherungsschutz ausschließen. So mancher, der glaubte, er sei rundum abgesichert, erlebte schon eine böse Überraschung, als er seine Versicherung in Anspruch nehmen wollte.

Erst einmal ein Überblick über die wichtigsten Versicherungsarten: Die Krankenversicherung zahlt die Arzt- und Arzneikosten, notwendige Operationen, Krankenhausaufenthalte und den Verdienstausfall, wenn man krank daniederliegt und nicht arbeiten kann. Was als notwendige Maßnahme angesehen wird, ist allerdings von Kasse zu Kasse unterschiedlich. Klar ist, dass eine Blinddarmoperation bezahlt wird, aber nicht jede Kasse wird auch die Kosten für eine chirurgische Korrektur der Nase übernehmen.

Die Hausratversicherung schützt gegen Schäden an Möbeln, Küchengeräten, Unterhaltungselektronik und anderen Einrichtungsgegenständen. Sie springt ein, wenn durch einen Zimmerbrand die Wohnzimmercouch in Flammen aufgeht, und hilft bei Verlust und Beschädigung durch Einbruch und Diebstahl. So genannte Elementarschäden durch Hochwasser sind allerdings bei vielen Versicherungsverträgen ausgeschlossen und müssen extra versichert werden.

Haftpflichtversicherungen kommen für die Schäden auf, die ich anderen zufüge.

Die private Haftpflichtversicherung hilft, wenn ich beispielsweise auf die Brille meiner Nachbarin trete, die ihr aus der Tasche gerutscht ist. Oder wenn ich die kostbare chinesische Blumenvase umstoße, die neben der Treppe steht. Eltern können sich damit gegen die Schäden versichern, die ihre Kids beim Spielen anrichten, wenn der Fußball nicht ins Tor fliegt, sondern in die Panoramaglasscheibe des Nachbarn.

Wer Hunde hat, ist gut beraten, eine Haftpflichtversicherung für Hundehalter abzuschließen. Wenn Waldi nämlich auf die Straße rennt, einen LKW mit teuren Computerteilen ins Schleudern bringt und dadurch einen Auffahrunfall verursacht, sodass die Ladung und zwei nachfolgende Autos Schrott sind (alles schon vorgekommen), braucht Waldis Herrchen oder Frauchen einen starken Partner, der für die entstandenen Millionenschäden aufkommt.

Autofahrer sind gesetzlich verpflichtet, eine Kfz-Haftpflichtversicherung abzuschließen. Damit werden Schäden versichert, die der Eigentümer des Fahrzeugs beim Betrieb desselben anderen Verkehrsteilnehmern zufügt.

Mit einer Vollkaskoversicherung kann man sich gegen Schäden am eigenen Auto versichern.

Recht haben ist die eine Geschichte, Recht bekommen eine andere. Wer seine Forderungen bei Gericht durchsetzen will, braucht erst einmal Geld, um Anwälte und Gerichtskosten zu bezahlen. Da kann der Abschluss einer Rechtsschutzversicherung helfen, die diese Kosten übernimmt. Allerdings können immer nur bestimmte Bereiche abgesichert werden: beispielsweise ein Schutz bei Arbeitsrechtsfragen oder bei Mietrechtsprozessen. Unangenehm ist auch, dass man bereits laufende Verfahren nicht mehr versichern kann. Wer also bereits gegen seinen Chef oder Vermieter geklagt hat, kann dafür nicht rückwirkend noch eine Versicherung abschließen.

Sparen und Anlegen

Sparen, verleihen, anlegen – wie arbeitet Geld?

Geld kann man ausgeben, zum Beispiel beim Einkaufen, für einen Urlaub, für ein vergnügtes Leben. Man kann es aber auch sparen oder anlegen - investieren, wie die Fachleute sagen -, in der Hoffnung, dass später mehr Geld zurückfließt, als eingesetzt wurde.

Mit Geld kann man also nicht nur Waren kaufen, Geld ist auch selber eine „Ware", mit der profitable, aber auch riskante Geschäfte betrieben werden können. Du kannst es verleihen wie eine CD oder eine coole Baseballjacke. Doch während man Dinge, die einem lieb und teuer sind, meistens nur an gute Freunde verleiht, wird Geld auch Fremden gegeben – dann allerdings gegen eine „Leihgebühr". Diese Leihgebühr nennt man Zins. Derjenige, der Geld borgt, muss Zinsen zahlen, derjenige, der das Geld zur Verfügung stellt, bekommt Zinsen.

Geld, das anderen gegen Zinsen geliehen wird, heißt Kredit.

Natürlich kann man auch unter Freunden Geld gegen Zinsen borgen und verleihen, doch in der Regel übernehmen diese Vermittlungsarbeit die Banken. Sie arbeiten allerdings nicht zum Nulltarif: Derjenige, der Geld borgt, muss einen höheren Zinssatz zahlen, als ihn die Bank demjenigen gibt, der es verleiht. Die Differenz ist der Verdienst der Bank. Die Banken können die Zinssätze jedoch nicht willkürlich festsetzen. Als Richtschnur gilt der Zinssatz, den die wichtigste Bank jedes Landes, die Zentral- oder auch Notenbank, vorgibt.

In Deutschland und den anderen Euro-Staaten gibt die Europäische Zentralbank (EZB) die Münzen und Geldscheine heraus und nimmt wesentlichen Einfluss darauf, zu welchen Bedingungen die Menschen Geld borgen und verleihen können.

Zu den Geldgeschäften zählt auch der Umtausch von Euros in andere Währungen, in der Hoffnung, durch Kursveränderungen Gewinne zu machen. Darüber hinaus gibt es aber noch viele andere Möglichkeiten, am Kapitalmarkt Geld zu verdienen – und zu verlieren ...

Sparschwein oder Bankkonto - wie soll man sein Geld aufbewahren?

Das erste eigene Geld bekommt man meistens geschenkt - von Eltern und anderen Verwandten, zum Geburtstag, zu Weihnachten, als Belohnung für ein gutes Zeugnis oder sonst eine ruhmreiche Tat, meist aber als wöchentliches oder monatliches Taschengeld.

Erst ist es vielleicht nur ein Euro, dann sind es mal zehn, 50, vielleicht sogar 100. In der Regel wird der Geldsegen in bar überreicht, manchmal aber auch in Form eines kleinen Heftes mit der Aufschrift „Sparbuch". Ein Wink mit dem Zaunpfahl: Dieses Geld soll nicht sofort verjubelt, sondern zurückgelegt, gespart werden.

Die nahe liegende Art, Geld zu horten, ist zunächst einmal das Sparschwein. Damit fängt fast jeder einmal an. Doch Spartopf, Sparschwein, Matratzenlager & Co haben einen Nachteil: Man hat nur das Geld, das man selbst hineinwirft. Das ist beim Sparbuch schon etwas anders. Wer sein Geld bei Banken und Sparkassen anlegt, bekommt noch einen kleinen Zuschlag obendrauf. Dieser Extrabetrag ist der bereits erwähnte Zins. Er wird genau festgelegt. Im Sommer 2002 lag er bei 1,73 Prozent. Wer im Januar 2002 also 100 Euro auf ein Sparbuch eingezahlt hatte, besaß am 1. Januar 2003 genau 101,73 Euro. Das ist nicht gerade eine umwerfende Geldvermehrung, aber auf jeden Fall besser als das Sparschwein.

Und es gibt noch andere Möglichkeiten: Wer beispielsweise 10 000 Euro zur Seite legen will, muss sie nicht auf ein Sparbuch bringen, sondern kann sie der Bank für eine bestimmte Zeit – sagen wir ein Jahr – als Festgeld überlassen. Dafür bekommt er immerhin 3,5 oder sogar 4,0 Prozent.

Mit einer großen Summe, die ihr für einen bestimmten Zeitraum überlassen wird, kann die Bank besser arbeiten und hat weniger Aufwand als mit vielen kleinen Beträgen, die auf unbestimmte Zeit bei ihr deponiert werden.

Braucht man unbedingt ein Bankkonto?

Zinsen hin oder her, manchmal ist es ganz schön lästig, alles über das Bankkonto zu machen. Kann ich meine Geldgeschäfte nicht auch bar erledigen? Das Geld kann man doch auch zu Hause sicher aufbewahren ...

Ein Bankkonto ist, zumindest für Erwachsene, längst unverzichtbar: Ob jemand einen Arbeitsvertrag abschließen, eine Wohnung mieten, Telefon, Fernseher oder Radio anmelden will, ohne Konto geht nichts mehr. Wer über kein Konto verfügt, hat kaum eine Chance, seinen Lohn oder sein Gehalt zu bekommen. Nicht einmal Bafög, Arbeitslosengeld oder Sozialhilfe fließen, wenn der Empfänger kein Bankkonto angegeben hat. Die Notwendigkeit einer Bankverbindung ist so groß, dass Sparkassen sogar verpflichtet sind, jedem ein Konto zu eröffnen, selbst wenn gegen den Antragsteller bereits ein Insolvenzverfahren eröffnet wurde, mit anderen Worten: wenn er hoch verschuldet ist.

Die Banken wissen die Abhängigkeit der Bürger von ihnen wohl zu nutzen und kassieren für ihre Dienste. In der Regel werden monatlich oder vierteljährlich Gebühren abgezogen, für die der Kontoinhaber eine bestimmte Anzahl von Überweisungen und Bargeldentnahmen am Schalter frei hat. Mal gehört die EC-Karte dazu, mal muss sie extra bezahlt werden. Für junge Kontoinhaber bis 18 oder 24 Jahre ist ein Konto oft günstiger. Sie brauchen für ihre Kontoverbindung keine Gebühr zu entrichten, solange sie nur den Grundservice nutzen, das heißt Überweisungen tätigen, Bargeld abheben und eine EC-Karte benutzen. Doch fast jedes Institut hat seine eigenen Geschäftsbedingungen – ein sorgfältiger Vergleich hilft, Geld zu sparen.

Auch Online-Kunden, die ihre Geldgeschäfte nur übers Internet erledigen, werden mit niedrigeren Gebühren belohnt.

Im Jahr 2001 gab es in Deutschland 2696 Banken, die insgesamt rund 56600 Zweigstellen hatten. Die meisten dieser über das Land verteilten Zweigstellen gehören zur Postbank, zu Sparkassen, Volksbanken und Raiffeisenkassen.

Postbank, Deutsche Bank, Sparkasse – welche Bank macht was?

Die großen Bankkonzerne wie die Deutsche Bank oder die Commerzbank haben nur einen geringen Anteil an dem Filialnetz. Der Grund dafür liegt in der Kundschaft, die die jeweiligen Banken bedienen. Sparkassen, Volksbanken und Genossenschaftsbanken kümmern sich vor allem um Angestellte und Arbeitnehmer sowie Handwerksbetriebe, kleine Unternehmen, Landwirte und Selbstständige. Diese leben und arbeiten nicht nur in den großen Städten, sondern auch auf dem Land und wollen dort auch eine Bank haben. Die großen Geldhäuser hingegen sind überwiegend in den Städten zu Hause. Sie haben ihren Schwerpunkt in der Verwaltung stattlicher Vermögen und besorgen die Geldgeschäfte wichtiger *Konzerne* mit Tochtergesellschaften in aller Welt.

Ein wichtiger Unterschied liegt auch in der Absicherung der Banken. Für die Geschäfte von Sparkassen müssen die Gemeinden und Bundesländer geradestehen. Wenn Sparkassen beispielsweise zu viele Kredite an Unternehmen vergeben haben, die Pleite gegangen sind und deshalb das geliehene Geld nicht mehr an ihre Kreditgeber zurückzahlen können, und infolgedessen auch die Geldinstitute in Zahlungsschwierigkeiten kommen, muss das Land einspringen und den in Not geratenen Sparkassen Geld geben. Bei den *privaten Banken* hilft in solchen Fällen der so genannte Feuerwehr-Fonds, eine Reserve, die die privaten Banken für solche Notfälle eingerichtet haben.

Ein **Konzern** ist ein Zusammenschluss mehrerer Unternehmen.

Zu den **privaten Banken** gehören die großen Bankhäuser, aber auch viele kleine Geldinstitute, die für sich selbst haften.

Ich brauche einen neuen Computer: Wo kriege ich einen Kredit?

Da steht es, das rattenscharfe Mountainbike, der megacoole PC mit Supersound, superschnell und megateuer. Der oder keiner. Doch wer soll das bezahlen? Das Sparschwein ist längst an Auszehrung gestorben, das Sparbuch für den letzten Urlaub geplündert worden ... Hilfe, ich brauch Geld!

„Wenn's um Geld geht – Sparkasse", so hat es die Werbung doch immer verkündet. Jetzt geht es um Geld, genauer, um einen Kredit für eine größere Anschaffung.

Und da machen die meisten Shopper auf Pump ihre erste ernüchternde Erfahrung. Geld von einer Bank zu bekommen, ist gar nicht so einfach. Bevor die Kreditinstitute ihre kostbare „Ware" herausrücken, wollen sie Sicherheiten sehen, zum Beispiel regelmäßige Einkünfte in ausreichender Höhe. Wer von einem Girokonto, auf das gerade mal 100 Euro pro Monat eingezahlt werden, monatliche Kreditraten in gleicher Höhe begleichen will, hat ziemlich schlechte Karten. Ohne die Bürgschaft von Erziehungsberechtigten oder *geschäftsfähigen* Freunden geht da gar nix.

Ab dem 18. Lebensjahr ist man **geschäftsfähig**, das heißt, man darf selbst Verträge abschließen.

Also sollte sich der künftige Kreditnehmer gut überlegen, wie er seinen Konsumtraum finanzieren will, ohne dass der zum Albtraum wird. Er hat die Wahl zwischen einem Ratenkredit, bei dem er über eine Laufzeit von ein bis fünf Jahren monatlich einen bestimmten Betrag, in dem Zinsen und *Tilgung* zusammengefasst sind, abstottern muss, und einem Überziehungskredit. Dieser muss schneller abgezahlt werden und ist in der Regel teurer, weil dafür drei bis vier Prozent höhere Zinsen verlangt werden.

Die Rückzahlungen eines Kredits nennt man **Tilgung**.

Zinsen sind der Preis, der für Geld bezahlt werden muss. Die Höhe des Zinssatzes richtet sich nach den Zinsen, die die Banken ihren Sparern und Anlegern bezahlen müssen, aber auch nach dem Satz, den die Zentralbank von den Banken fordert, wenn diese sich bei ihr Geld leihen.

Welche Rolle spielen Zinsen für den Einzelnen und die Wirtschaft?

Wenn die Zentralbank will, dass die Banken mehr Kredite vergeben, senkt sie den *Leitzinssatz*. Wenn sie findet, dass zu viele Kredite vergeben werden, erhöht sie ihn. Für die Bankkunden hat das Drehen an der Zinsschraube Folgen: Wenn der Zins steigt, werden die Kredite teurer. Auf der anderen Seite bekommen die Sparer mehr raus. Wenn der Leitzins gesenkt wird, fallen auch die Kreditzinsen, und Sparguthaben bringen weniger Geld.

Leitzinssatz: Der Zinssatz, den die Zentralbank von den Geschäftsbanken fordert.

Doch Zinsveränderungen wirken sich auch auf die Wirtschaft aus: Wenn die Kreditzinsen steigen, investieren Unternehmen weniger, weil sie mehr für ihr Fremdkapital bezahlen müssen. Dadurch wird das Wirtschaftswachstum gebremst. Umgekehrt funktionieren Zinssenkungen nicht so schnell. Wenn die Zentralbank den Preis fürs Geld senkt, werden zwar die Kredite billiger, doch dann wissen alle Unternehmen, dass sich die Bank Sorgen um die Wirtschaft macht, und warten erst mal ab, ob die Zinsen nicht noch weiter fallen. Erst mit einer gewissen Verzögerung beginnen die Unternehmen wieder, Kredite aufzunehmen und neue Maschinen und Anlagen zu kaufen.

Die Höhe der Zinsen sagt aber auch etwas über das Risiko einer Geldanlage oder eines Kredites aus: Je riskanter das Projekt ist, umso mehr Zinsen muss der Kreditnehmer zahlen und kann umgekehrt der Anleger bekommen.

Hier ein bisschen, da ein bisschen - wie viele Schulden darf man machen?

Schulden machen ist oft ganz leicht: Großeltern, Freunde, Eltern, Kreditkarte, Verbraucherkredit ... Das Leben auf Pump wird einem leicht gemacht - doch es ist oft der Auftakt zum Schuldnerdrama.

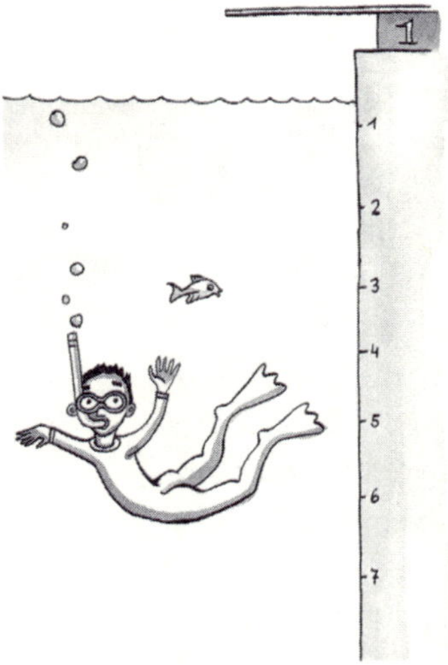

Die Antwort auf die Frage, wie viele Schulden man machen darf, kann deshalb nur lauten: eigentlich gar keine. Denn jeder, der mehr ausgibt, als er hat, lebt gefährlich. Allzu großzügiger Umgang mit dem Geld, Dauertelefonate übers Handy, teure Klamotten und ständiger Disco-Besuch haben schon manchen tief ins Schuldenloch fallen lassen. Schlimm genug, wenn nur das Taschengeld weg ist. Echt übel wird es, wenn man eine Bank gefunden hat, die einem durch Duldung von Kontoüberziehung richtig Geld gepumpt hat. Dann sitzt man im Schuldensumpf: Neben der Rückzahlung der gepumpten Summe muss man nun auch noch happige Zinsen zahlen ... Leichtsinniger Umgang mit fremdem Geld ist teuer, und er kann sogar die Existenz gefährden.

Etwa 13 Millionen Haushalte in Deutschland sind verschuldet, sie leben ständig mit Miesen auf ihrem Konto. Jeder vierte Haushalt ist überschuldet – dieser beklagenswerte Zustand ist erreicht, wenn Zinszahlungen und Tilgung höher sind als das verfügbare Einkommen. Dann hilft nur die Schuldnerberatung der Verbraucherverbände. Deshalb ist es allemal besser, sich erst gar nicht in klamme Lagen zu bringen.

Hektik „am Ring“ oder virtueller Marktplatz – was passiert an der Börse?

Die Börse steigt, die Börse fällt – doch das Gebäude steht fest und unverrückbar. Tatsächlich werden mit diesen Redewendungen die Bewegungen der Kurse von Wertpapieren beschrieben.

Es gibt fast nichts, was nicht an den Börsen gehandelt wird. Von Wertpapieren über Schweinehälften bis hin zu hochkomplizierten Geldwetten ist alles dabei. Im 16. Jahrhundert waren sogar Tulpenzwiebeln Bestseller an der Amsterdamer Börse.

Die Börse ist sozusagen der Inbegriff eines funktionierenden Marktes: Angebot und Nachfrage stehen einander unmittelbar gegenüber, der Preis der Wertpapiere wird direkt ausgehandelt. Da bietet einer 100 Aktien einer Firma zu einem bestimmten Preis an. Wenn sich kein Käufer findet, muss der Verkäufer den Preis senken. Der Preis, zu dem der Kauf dann abgeschlossen wird, ist der Kurs der Aktie dieser Firma.

Mit der Börse verbinden die meisten aufgeregtes Treiben im Börsensaal, den die Börsianer „Ring“ nennen, weil früher alle Börsenhändler im Kreis standen, oder „Parkett“, weil die alten Handelssäle mit kunstvollen Holzfußböden ausgelegt waren.

Dort gibt es noch immer hektisches Winken und aufgeregte Gesten, mit denen sich die Händler über die Kurse der einzelnen Aktien verständigen. Doch das bewegte Treiben am Ring wird immer häufiger nur für die TV-Kameras veranstaltet. Das eigentliche Geschäft wird längst in den Hinterzimmern der Börse und den Händlersälen der Banken per Computer abgewickelt. Lautlos und superschnell. Xetra heißt der virtuelle Marktplatz, über den täglich Millionen von Aktien gehandelt werden – einfach so per Mausklick. Der Computerhandel löst den anschaulichen Präsenzhandel im Börsensaal mehr und mehr ab.

DAX, Bulle & Bär: Was macht dieser Zoo an der Börse?

Börsianer haben nicht nur eine eigene Zeichensprache, sie haben auch ein eigenes Vokabular von Abkürzungen und Schlagworten. Diese stammen oft aus dem Englischen und klingen für den Laien meistens ziemlich unverständlich.

Um die Entwicklung der Kurse an der Börse besser verfolgen zu können, wurden so genannte Indices eingeführt. Das sind von bestimmten Aktienkörben Durchschnittswerte. Der DAX ist also kein Rechtschreibfehler, sondern der Deutsche Aktienindex. Dabei handelt es sich um den Durchschnittskurs von insgesamt 30 Aktien. Im DAX sind die größten und umsatzstärksten deutschen Unternehmen vertreten. Der DAX, den es seit 1988 gibt, spiegelt das aktuelle Börsengeschehen wider. Ein Blick auf die DAX-Kurve zeigt den aktuellen Trend, ob es an der Börse aufwärts oder abwärts geht.

Neben dem DAX gibt es noch weitere solcher Kennzahlen, den M-DAX beispielsweise, der die Entwicklung mittelgroßer Unternehmen anzeigt, und den S-DAX, den Index kleiner börsennotierter Unternehmen. Die deutsche Börse hat ihren Sitz in Frankfurt. Neben der Londoner und der Pariser Börse gehört sie zu den größten Europas, gefolgt von der italienischen, der Amsterdamer und der Schweizer Börse.

In den Nachrichten ist außerdem oft vom Dow Jones und vom Nikkei die Rede. Das sind der amerikanische und der japanische Aktienindex. Die Entwicklung der Börsen dort hat immer auch Auswirkungen auf die DAX-Kurve, da die Wirtschaftsmärkte weltweit verflochten sind. Eine Wirtschaftskrise zum Beispiel in Amerika macht die Anleger auch in anderen Teilen der Welt nervös. Sie befürchten, dass es mit der Wirtschaft und damit den Aktienkursen auch bei ihnen bald bergab geht, und investieren ihr Geld vorsichtiger oder verkaufen sogar die Aktien, die sie haben. Die Folge: fallende Kurse.

Der Dow Jones ist der älteste Aktienindex der Welt. Er enthält die 30 größten Aktien, die an der New Yorker Börse, der Wallstreet, gehandelt werden.

An allen internationalen Aktienmärkten regieren seit dem Sommer 2000 die Bären. Das ist Börsenslang und bedeutet, dass die Kurse der dort notierten Aktien fallen. Jetzt warten die Aktionäre rund um den Globus auf die Ankunft der Bullen. Mit ihren Hörnern sollen sie die Kurse wieder nach oben treiben.

Bulle und Bär vor der Frankfurter Börse: Der Bär symbolisiert den pessimistischen Anleger, der Bulle steht für den Anleger, der steigende Kurse erwartet.

Börsenchinesisch: Was bedeutet die Sprache der Insider?

„500 Bayer an dich!“, „billigst“, „Siemens drei zu fünf“ ... Die Börse ist nicht nur eine Welt für sich, sie hat auch eine eigene Sprache, die auf den Außenseiter oft ausgesprochen befremdlich wirkt.

Das Börsenchinesisch dient an der Präsenzbörse dazu, möglichst kurze Anweisungen zu schaffen, die auch in Zeiten höchster Hektik und Nervosität im Befehlston durch den Saal gebrüllt und verstanden werden können. Aber auch beim Handel über das elektronische Ordersystem Xetra gelten bestimmte Redewendungen, die jeder Aktionär beherrschen sollte.

Kaufen heißt auf Börsianisch „von dir“, verkaufen „an dich“. Wenn also ein Händler „500 XYZ an dich“ brüllt, dann will er 500 Aktien der Firma XYZ verkaufen. „500 XYZ von dir“ wiederum würde bedeuten, dass er 500 Aktien der Firma kaufen möchte. Was aber meint ein Händler, der „B drei zu fünf“ ruft? Ganz einfach: Er hat einen Kaufauftrag über Aktien der Firma B zu 53 Euro und Verkaufsaufträge über Aktien der Firma B zu 55 Euro und sucht für beide Preise Käufer beziehungsweise Verkäufer. Weil er voraussetzen kann, dass alle wissen, dass diese Wertpapiere nicht 3 und 5 Euro, sondern 53 beziehungsweise 55 Euro kosten, nennt er nur die letzten Stellen, und jeder weiß Bescheid.

Weniger laut geht es im Xetra-Handel zu. Aber auch hier gilt eine eigene Sprache. Aktien kauft man nicht wie Milch oder Butter im Supermarkt. „Ich hätte gerne für 500 Euro Aktien der Firma XY“ funktioniert nicht, ein solcher Satz zeigt nur, dass der Käufer ein blutiger Anfänger ist. Denn Aktien werden nur im Stück verkauft und nicht als Halbe, Viertel oder Achtel. Der Käufer sollte also den ungefähren Kurs des Papiers kennen, bevor er den Auftrag erteilt. Je nach aktuellem Kurs hat er dann vielleicht 485 Euro investiert oder 511,70.

Je präziser er seine Aufträge gibt, umso bessere Chancen hat der Anleger, dass seine Aufträge auch so ausgeführt werden, wie er sich das vorgestellt hat.

Natürlich will jeder seine Aktien möglichst billig ein- und möglichst teuer verkaufen. Die Worte hierfür sind „billigst" und „bestens". Doch wirklich präzise ist auch das noch nicht, deshalb sollte der Anleger seinen Auftrag noch genauer formulieren, indem er ein „Limit" setzt. Nur wenn der Kurs der Aktie beispielsweise bei 65 Euro oder darüber liegt, darf die Aktie verkauft werden. Für den Kauf gilt umgekehrt: Nur wenn der Kurs nicht über 65 Euro liegt, darf gekauft werden.

Um sich für den Fall einer Börsenkrise zu rüsten, kann der Anleger eine „Stop-loss-Order" erteilen. Wenn der Kurs seiner Aktie zum Beispiel an einem Tag um mehr als 20 Prozent oder unter einen bestimmten Kurs fällt, muss sie verkauft werden.

Die Börse ist keine Einbahnstraße: Warum steigen oder fallen die Kurse?

Im Frühjahr 2000 war in der Welt der Börsianer noch alles Gold. Immer schneller stiegen die Kurse der Aktien. Fast wöchentlich wurde mit Champagner und Torte ein neues Allzeithoch, das heißt der höchste Kursstand einer Aktie seit ihrer Ausgabe, gefeiert.

Wer damals nicht wenigstens ein paar Fondsanteile, besser noch Aktien von den gefeierten Internetstars hatte, war ein hoffnungsloser Grufti, einer von gestern. Doch erstaunlich genug, nur zwei Jahre später waren Intershop, EM.TV, und wie die coolen Dot.coms alle hießen, total out. Kein Aktionär nahm diese Namen noch in den Mund. Ich wär so gerne Aktionär? Von wegen, jetzt wünschten viele, sie wären nie in die Nähe der T-Aktie gekommen.

Nichts ist so schwer vorherzusagen wie das Geschehen an der Börse. Denn am Aktienmarkt, so erklären es die Experten immer wieder gerne, werden oft nicht harte Fakten, sondern Hoffnung gehandelt. Die Börse hat viel mit Herdentrieb zu tun. Wenn ein Großinvestor oder eine Gruppe von Anlegern in großem Stil die Aktie eines Unternehmens kauft, finden sich schnell Mitläufer, die ebenfalls Papiere dieses Unternehmens erwerben oder sich die Aktien anderer Unternehmen derselben oder verwandter Branchen vornehmen. Manchmal reicht die Meldung eines Unternehmens, dass das Management für das nächste Jahr höhere oder niedrigere Gewinne erwartet, aus, um ein wildes Bullenrennen oder einen Angriff der Bären auszulösen.

Noch weit verheerendere Folgen haben Katastrophen wie die Terroranschläge auf das New Yorker World Trade Center und das US-Verteidigungsministerium am 11. September 2001, nach denen viele Anleger eine weltweite Wirtschaftskrise erwarteten. Dadurch wurde eine gigantische Verkaufswelle ausgelöst. Die Aktienkurse rauschten um 20 bis 30 Prozent in die Tiefe, und das, obwohl die US-Aktienmärkte für sechs Tage geschlossen wurden, um Panikreaktionen zu verhindern.

Wenige Wochen nach dem Schock begannen die Kurse wieder zu steigen. Doch kurze Zeit später wurden die Anleger von einer neuen Frustwelle überrollt. Im Frühjahr 2002 gingen die Kurse im Sog betrügerischer Bilanzfälschungen von US-Managern weltweit baden. Als sich zeigte, dass selbst namhafte US-Konzerne ihre Aktionäre mit überhöhten Gewinnen hinters Licht geführt hatten, gab es für viele Kleinanleger und *Investmentgesellschaften* kein Halten mehr: Bloß weg mit dem Schrott, verkaufen, abstoßen und tschüss. Aktien? Nein danke.

Investmentgesellschaften: Anlagegesellschaften

Die Börse – eine Versammlung von hypernervösen Neurotikern? Das große Geschäft mit dem Geld – alles nur Stimmungsmache und Nervenkrieg? Auch wenn es manchmal so aussieht, es gibt ein paar Fakten, die die Entscheidungen der Investoren beeinflussen. Da ist zum einen die allgemeine Wirtschaftslage, die Konjunktur.

Wenn die meisten Anleger davon überzeugt sind, dass ein Aufschwung kommt, sind sie eher geneigt, Aktien zu erwerben.

Deuten umgekehrt alle Zeichen auf eine Flaute oder gar einen Rückgang der Wirtschaftsleistung, dann werden Aktien eher verkauft. Außerdem sollten Unternehmen, die am Aktienmarkt notiert sind, wenigstens einige Jahre im Geschäft sein und zeigen, dass sie ihre *Umsätze* nicht nur durch Zukäufe anderer Unternehmen steigern können, sondern auch aus eigener Kraft. Sicher, die Auswahl von Aktien nach vernünftigen Kriterien ist mühsam – aber lohnt sich. Auch wenn ein Anleger trotz sorgfältiger Auslese vor bösen Überraschungen nie gefeit ist ...

Der **Umsatz** ist der Wert der Waren oder Dienstleistungen, die ein Unternehmen innerhalb eines Zeitraums verkauft.

Was passiert bei Hausse und Baisse?

Die langfristigen Kursverläufe an den Börsen werden auch „Hausse“ und „Baisse“ genannt. Hausse steht für steigende Kurse und Baisse für fallende. Diese Trends spiegeln aber nicht nur Gewinn und Verlust der Anleger, sie zeigen auch Entwicklungen der gesamten Wirtschaft an.

Wenn die Kurse steigen, heißt das, dass es den Unternehmen gut geht. Sie haben volle Auftragsbücher, erzielen stattliche Gewinne und bauen ihre Betriebe aus. Um Geld für ihre Erweiterungen und die Entwicklung neuer Produkte zu erhalten, können sie zusätzliche Aktien an der Börse verkaufen und auf diese Weise Kapital bekommen, ohne teure Kredite bei den Banken aufnehmen zu müssen. Davon profitieren auch die Aktionäre: Wenn die Gewinne der Unternehmer steigen, erhalten sie höhere Dividenden. Aber auch Kunden und Mitarbeiter profitieren, denn es gibt neue Waren, preiswertere Produkte und sichere Jobs. Oft entstehen auch neue Arbeitsplätze.

Die Begriffe Hausse [ooß] und Baisse [bääß] stammen aus dem Französischen.

Wann eine *Hausse* beginnt, lässt sich meist nur im Nachhinein bestimmen. Meist beginnen zuerst die Kurse an den Börsen zu steigen, bevor die Anzeichen für eine günstige Wirtschaftsentwicklung auch die Unternehmen erreichen.

Umgekehrt zeichnet sich eine *Baisse* an der Börse oft schon ab, wenn die Wirtschaft auf den ersten Blick noch auf vollen Touren läuft. Obwohl die Unternehmen noch gute Auftragslagen melden, stattliche Gewinne ausschütten und vielleicht sogar noch neue Mitarbeiter einstellen, sinken bereits die Kurse ihrer Aktien. Um solche Entwicklungen zu begreifen, muss man einen Blick auf das werfen, was die Börse wirklich bewegt.

Warum kann man Blue Chips nicht essen, und was haben sie mit Aktien zu tun?

Kartoffelchips, Speicherchips, Blue Chips ... das englische Wort Chip bezeichnet einen kleinen Splitter eines großen Teils. Die ersten beiden Begriffe sind schnell erklärt: Es geht um dünne Kartoffelscheiben und winzige elektronische Computerbauteile. Doch was sind blaue Splitter?

Werden Börsianer gefragt, ist alles klar: Blue Chips sind Aktien, Anteile am Vermögen von international bekannten und erfolgreichen Unternehmen, die ihren Eigentümern zuverlässige Erträge liefern und deshalb am Aktienmarkt sehr begehrt sind.

Ursprünglich wurden nur die Aktien des großen amerikanischen Büromaschinenkonzerns IBM, der bei Kunden und Mitarbeitern wegen seiner blauen Firmenfarbe auch Big Blue hieß, Blue Chips genannt. Heute gehören zu dieser Oberliga auch die Aktien anderer erfolgreicher internationaler Konzerne.

Im deutschen Aktienmarkt gelten die Wertpapiere aller Firmen, die im DAX notiert sind, als Blue Chips.

Dem Eigentümer einer Aktie gehört ein Stück der Firma. Er kann mit entscheiden, was das Unternehmen herstellen und wer darin das Sagen haben soll. Auf den Hauptversammlungen, die mindestens einmal pro Jahr stattfinden müssen, kann er über die künftige Geschäftsstrategie mit abstimmen.

Oft werden Aktien noch als Urkunden gedruckt. Darauf steht der Name des Unternehmens, die Wertpapierkennziffer, der Wert des Anteils am Firmenkapital und die Anzahl der Aktien, die das Unternehmen ausgegeben hat.

Ursprünglich waren diese Wertpapiere kleine Kunstwerke, mit Schnörkeln und Emblemen verziert.

Doch immer mehr Firmen sparen heute das Geld für den Druck der Urkunden, weil die Aktien zwar häufig den Eigentümer wechseln, aber fast nie ihren Aufbewahrungsort: Sie liegen meist im Tresor einer Wertpapiersammelbank.

Mit Aktien Geld verdienen: Was ist eine Dividende?

Da hat man nun Aktien gekauft, und was hat man in der Hand? Die Kontoauszüge seiner Bank und den Beleg vom Depotkonto, dem die Wertpapiere gutgeschrieben wurden. Was hat man eigentlich davon, Anteilseigner eines Unternehmens zu sein?

An Aktien verdient man nicht nur, indem man sie verkauft, wenn ihr Kurs gestiegen ist. Auch ohne Kurssteigerungen kann man als Aktionär am Erfolg des Unternehmens teilhaben. Wenn die Firma Gewinne macht, verdient auch der Anteilseigner mit: Er bekommt eine Dividende. Die Höhe dieser Gewinnbeteiligung wird vom Aufsichtsrat des Unternehmens der Hauptversammlung zur Abstimmung vorgelegt. An diesem Jahrestreffen kann jeder, der eine Aktie besitzt, teilnehmen und dann mit abstimmen.

Der Kurs einer Aktie steigt, wenn das Unternehmen Erfolg hat und sich viele Anleger an ihm beteiligen wollen.

Die Dividende, die Gewinnausschüttung pro Anteilsschein, richtet sich nach Geschäftslage der Firma und dem Nennwert der Aktie, das heißt ihrem Anteil am gesamten Firmenkapital. Sie kann von wenigen Cents bis zu stattlichen Eurobeträgen reichen. Konservative Aktionäre, die kein großes Risiko eingehen wollen, legen deshalb besonderen Wert auf Aktien ertragsstarker Unternehmen, die sie dann über viele Jahre halten. Solche Aktien, die zuverlässig ordentliche Dividenden abwerfen, nennt man auch „Witwen- und Waisenpapiere", weil sie wenig versierten Anlegern ein ansehnliches Einkommen bescheren können.

Was versteht man unter Rendite?

Wer sein Geld in ein Unternehmen steckt, es dem Staat oder dem Land zur Verfügung stellt, will auch etwas davon haben. Er will nicht nur seinen Einsatz wiedersehen, sondern auch noch einen zusätzlichen Betrag, ein dickes Sahnehäubchen, erhalten.

Diese Erträge aus investiertem Kapital nennt man Rendite oder auch, in bestem Business-English: „return on investment" oder kurz und knapp ROI. Die Rendite ist der Betrag, den der Anleger tatsächlich für sich behalten kann, nach Abzug von Steuern, Spesen und Gebühren.

Natürlich will jeder Investor sein Geld dort anlegen, wo er die höchsten Gewinne erzielt. Doch so einfach ist das nicht. Denn die höchsten Renditen gibt es dort, wo auch die Risiken der Geldanlage überdurchschnittlich groß sind. Renditen sind wie Zinsen, sie steigen parallel zu der Gefahr, den gesamten Einsatz zu verlieren.

Die Vorzüge und Risiken von Anlagen bewerten im internationalen Kapitalmarkt zwei große Unternehmen, so genannte Ratingagenturen. Sie heißen Moody's und Standard & Poor's (S & P).

Diese Ratingagenturen verteilen sozusagen Zensuren, jede nach einem eigenen Schema, sodass gewiefte Anleger sofort erkennen können, wer die Anlagen geprüft hat.

Die besten Noten erhalten Investments, bei denen man ziemlich sicher sein kann, sein Geld nicht zu verlieren. Die schlechtesten Noten gibt es entsprechend für „Junkbonds", so genannte Schrottanleihen, die zwar mit attraktiven Renditen locken, aber extrem riskant sind.

Was machen Analysten, wie schlau sind Börsengurus?

Wer sein Geld an der Aktienbörse anlegen will, braucht jede Menge Informationen über die Firmen, an denen er sich beteiligen, deren Aktien er erwerben will. Er sollte sich über das Unternehmen schlau machen, aber auch die Konkurrenz nicht aus den Augen verlieren.

Doch wo bekommt er all diese wichtigen Infos her? Nur aus der Zeitung? Da ist man ja einen halben Tag beschäftigt. Schneller geht's über spezielle Anlageinfos der Banken und Fondsgesellschaften, die die Unternehmen und Branchen immer wieder unter die Lupe nehmen.

Die Fachleute, die diese Arbeit übernehmen, nennt man Analysten. Ihre Aufgabe ist es, die Firmen, die an der Börse notiert sind, genau zu prüfen. Die wichtigsten Informationsquellen für diese Experten sind die Geschäftsberichte der Unternehmen, in denen alle wichtigen Kennzahlen wie Umsatz, Ausgaben, Erträge, Investitionen und natürlich Gewinn und Verlust angegeben sind. Außerdem berücksichtigen Analysten auch das Umfeld der Unternehmen, die Lage in der Branche, die Konjunktur, *Importe* und *Exporte*, einfach alles, was die Wirtschaftslage des Unternehmens in der Zukunft beeinflussen könnte. Dazu kommen noch Gespräche mit der Firmenleitung, die börsennotierte Unternehmen ausschließlich für Analysten veranstalten. Aus diesem Zahlen- und Informationscocktail gewinnen die Analysten ihre Erkenntnisse. Dass die Gurus allerdings auch Irrtümern aufsitzen, zeigte sich während der Börsenbaisse der letzten Jahre. Viele der hoch gelobten Aktien waren ein Jahr später nur noch einen Bruchteil ihres früheren Kurses wert. Deshalb sollten auch die Urteile der Experten mit Vorsicht betrachtet werden.

Importe sind Güter, die in ein Land eingeführt werden, **Exporte** die Waren, die die Unternehmen ins Ausland verkaufen.

Aktien im Supermarkt? Wo gibt es Aktien, und was kosten sie?

Baisse hin, Hausse her. Zeit zum Einsteigen ist immer. Gerade in der Wirtschaftsflaute, da sind die Papiere doch wenigstens schön billig. Also her mit den Aktien. Jeder vierte deutsche Haushalt ist dabei, ich will auch mitmachen. Was kostet also die schöne Börsenwelt?

Gemach, einfach so in die Börse marschieren, „Ich hätt da gerne 'ne Aktie" sagen und das Papierchen gleich mitnehmen wie 'n Eis an der Tankstelle, das geht nicht. Auf dem „Parkett" dürfen nur zugelassene Händler im Auftrag ihrer Kunden Aktien kaufen und verkaufen. Das können Banken sein oder Großanleger wie Pensionsfonds und Kapitalanlagegesellschaften.

Wer ein Wertpapier erwerben will, muss erst mal ein Depotkonto bei einer Bank eröffnen. Für dieses Depotkonto werden Kontoführungsgebühren fällig, die bei den Onlinebanken niedriger sind als bei den Geldinstituten mit eigenen Filialen. Wenn das Depotkonto eröffnet wurde, überweist der Neuanleger einen bestimmten Geldbetrag von seinem Girokonto aufs Depotkonto, und dann kann's losgehen. Er kann der Bank den Auftrag erteilen, eine bestimmte Menge von Wertpapieren zu erwerben. Der Kaufpreis wird dann vom Depotkonto abgebucht und die Wertpapiere dort gutgeschrieben.

Bei der ersten Abrechnung dürften unerfahrene Anleger einen Schreck bekommen, denn neben dem Kaufpreis werden auch stattliche Gebühren erhoben. Der Mindestsatz pro Order liegt bei 11 bis 13 Euro – gleichgültig, wie viele Aktien gekauft werden. Diese Gebühren fallen bei jedem Kauf oder Verkauf an. Deshalb sollte man sich bei kleineren Einsätzen gut überlegen, ob es sich lohnt, mehrere unterschiedliche Papiere zu kaufen.

Sicher in schlechten Zeiten ... Was sind Renten?

Es müssen nicht immer Aktien sein. Auch Anleihen werfen ganz ordentliche Renditen ab - und bieten sich vor allem in schlechten Zeiten an, wenn der Aktienmarkt „den Boden noch nicht gefunden hat“, die Talfahrt der Kurse noch nicht zu Ende ist.

Mit 25 schon in Rente? So etwas ist durchaus möglich – bei bester Gesundheit und der Aussicht auf ein langes Berufsleben. Das schafft man mit dem Kauf einer Anleihe. Die Wertpapiere werden wegen ihrer festen Verzinsung auch Rentenpapiere, *Bonds*, Schuldverschreibungen oder Obligationen genannt. Im Gegensatz zum Aktionär, dem als Anteilseigner ein Bruchteil der Firma gehört, ist der Anleihebesitzer ein Gläubiger des Unternehmens, dem er Geld geliehen hat. Dieser feine Unterschied spielt im Fall einer Pleite eine wichtige Rolle. Dann kann der Aktionär seinen Einsatz meistens voll in den Wind schreiben. Der Anleihebesitzer hat hingegen noch eine Chance, wenigstens einen Teil seines Investments zurückzubekommen.

Bond: Anleihe

Die Laufzeit von Anleihen liegt in der Regel zwischen fünf und zehn Jahren. Wer vorher aussteigen möchte, kann seine Anleihen an der Börse verkaufen. Der aktuelle Börsenwert einer Anleihe wird bestimmt durch den Nennwert, die Verzinsung, den aktuellen Marktzins, die Restlaufzeit und den ursprünglichen Ausgabekurs. Die Renditen von Anleihen sind sicher, aber nicht immer attraktiv: Nach Abzug aller Kosten, der Inflation und der Steuern bleiben von einem garantierten Zinsgewinn von 5,5 Prozent oft nur magere 1,6 Prozent übrig – das schafft auch ein Sparbuch.

Wer eine Anleihe erwerben will, muss mindestens 100 Euro einsetzen. Manche Bonds verlangen aber auch Investments von 1000, 5000, gelegentlich sogar 10000 Euro.

Gestreutes Risiko ... Was ist ein Investmentfonds?

Wer die Wahl hat, hat die Qual: Wie soll man im internationalen Supermarkt des großen Geldes unter tausenden von Aktien und Anleihen genau das Wertpapier finden, das den Kauf lohnt? Wie viele Aktien soll man kaufen, wie viel Geld in welche Branchen investieren?

Solche Fragen beschäftigen Anleger immer wieder. Vor allem diejenigen, die nur ein bisschen Geld anlegen wollen, wissen nicht so recht, wem sie ihr Kapital anvertrauen sollen. Da bieten Investmentfonds interessante Alternativen. Investmentfonds sind Anteilsscheine an einem Wertpapierportfolio, das heißt einem großen Bestand verschiedener Wertpapiere, das von einem Unternehmen verwaltet wird.

Wer Fondsanteile erwirbt, beteiligt sich an einer breit gefächerten Auswahl von Wertpapieren, Aktien und Anleihen in unterschiedlichsten Kombinationen. Es gibt allein in Deutschland mehrere tausend unterschiedliche Fonds. Geldanlagen in Fonds sind schon ab 50 Euro möglich.

Außerdem sind Anlagen in Fonds ziemlich pflegeleicht. Nach der Auswahl und dem Erwerb seines Fondsanteils muss sich der Inhaber um nichts mehr kümmern. Die Investments erledigen die Profis der Kapitalanlagegesellschaft.

Die Kurse von Fonds schwanken in der Regel weit weniger stark als die von Aktien.

Durch die Streuung des Anlagekapitals auf viele verschiedene Wertpapiere ist auch das Risiko geringer. Das heißt allerdings nicht, dass der Anleger keine Verluste erleiden kann. In schlechten Zeiten, wenn alle Aktienkurse fallen, können sich auch die meisten Fonds dem Abwärtstrend nicht entziehen.

Nicht ganz billig: Was kosten Fonds?

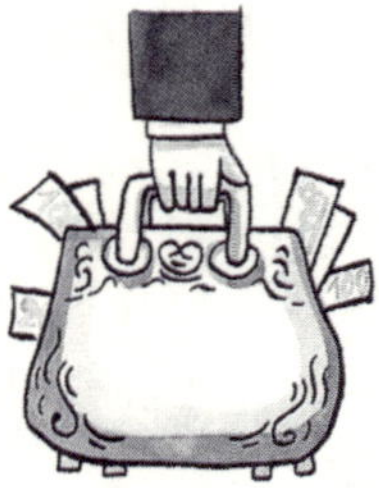

Die Vermögensverwaltung durch Fondsmanager gibt es nicht zum Nulltarif, aber auch darüber hinaus bitten Fondsgesellschaften ihre Anleger zur Kasse. Es gibt viele Tricks, mit denen sie versuchen, ihrer Kundschaft das Geld aus der Tasche zu ziehen.

Die wichtigste Gebühr der Fondsgesellschaften ist zunächst einmal der Ausgabeaufschlag. Diese Gebühr ist sozusagen die Eintrittskarte für die schöne bunte Welt der Investmentfonds. Der Aufschlag beträgt in der Regel fünf Prozent des Anlagebetrags. Wer also 100 Euro anlegen will, zahlt 5 Euro an das Management der Fondsgesellschaft. Sein tatsächliches Investment schrumpft dadurch auf 95 Euro.

Darüber hinaus muss sich der Anleger auch an den Verwaltungsgebühren beteiligen und der Bank natürlich auch noch Depotgebühren bezahlen. Diese beiden Gebühren werden jährlich erhoben. Seit 2001 haben aber viele Fonds noch eine weitere Einnahmequelle eingeführt: Die so genannten *Performance*-Gebühren. Die fallen an, wenn den Fondsmanagern gelingt, was eigentlich selbstverständlich sein sollte, nämlich dass ihre Fonds gut abschneiden und einen überdurchschnittlichen Ertrag erwirtschaften. Weil fast alle großen deutschen Banken eigene Fondsgesellschaften gegründet haben, werden den Kunden der einzelnen Geldinstitute vor allem die Fonds der eigenen Organisation angeboten. Wer dennoch auf dem Kauf von Fondsscheinen anderer Banken besteht, muss noch mit einer zusätzlichen Vermittlungsprovision rechnen.

Performance ist englisch und bedeutet Leistung.

Trotz dieser nicht unerheblichen Kosten zählen Investmentfonds in Deutschland zu den beliebtesten Anlagen.

Was für Anlagemöglichkeiten gibt es noch?

Darf es etwas mehr Risiko sein? Neben Aktien, Fonds und Renten gibt es noch viele weitere, oft allerdings riskante Möglichkeiten, sein Geld anzulegen. Selbst Experten kennen sich in dem undurchdringlichen Angebotsdschungel häufig kaum aus.

Die wichtigsten dieser Anlagepapiere sind Optionsscheine. Mit ihrem Kauf spekuliert man auf steigende oder sinkende Kurse. Ein Optionsschein gibt seinem Besitzer das Recht, innerhalb eines bestimmten Zeitraums ein Wertpapier zu kaufen – verpflichtet ist er dazu nicht.

Abgesehen von Optionsscheinen gibt es Derivate, das sind im Grunde genommen Wetten auf den Kurs von Papieren, und so genannte Futures, mit denen man sich verpflichtet, eine bestimmte Anzahl eines Wertes zu einem festgelegten Zeitpunkt zu kaufen.

Allen diesen Anlagen ist gemeinsam, dass sie sich nicht für Leute eignen, die ihr Geld investieren und dann ruhig schlafen wollen. Das Risiko, seinen Einsatz zu verlieren, ist sehr hoch.

Wirtschaftspolitik und Weltwirtschaft

Worin unterscheiden sich Bruttosozialprodukt und Bruttoinlandsprodukt?

Dass die Wirtschaftsleistung Frankreichs größer ist als die von Paraguay, kann sich jeder denken. Doch wie genau misst man die wirtschaftliche Leistung eines Landes? In diesem Zusammenhang tauchen immer wieder die Abkürzungen BIP und BSP auf.

BIP steht für Bruttoinlandsprodukt. Das ist der Gesamtwert aller Waren und Dienstleistungen, die in einem Land innerhalb eines Jahres produziert werden. Dazu zählen auch die Erzeugnisse und Services, die von im Land arbeitenden Ausländern und ausländischen Firmen erbracht werden. Das BIP betrug in Deutschland im Jahr 2005 rund 2,2 Billionen Euro, erarbeitet haben es etwa 38,7 Millionen Erwerbstätige – Arbeiter, Angestellte und Unternehmer. Das Bruttosozialprodukt (BSP) stellt die Summe aller von den Bürgern eines Landes im Laufe eines Jahres erwirtschafteten Erträge dar, deshalb wird es von den Statistikern mittlerweile Bruttonationaleinkommen genannt. Im Gegensatz zum BIP zählt zu ihm auch der Wert der Waren und Dienstleistungen, die die Bürger und Unternehmen eines Landes im Ausland produzieren, also zum Beispiel die Gewinne des VW-Konzerns in Brasilien.

Das Bruttosozialprodukt dient als Maßstab zur Beurteilung der wirtschaftlichen Entwicklung und des Wohlstandes von Staaten. Allerdings wird beispielsweise die Schwarzarbeit nicht von ihm erfasst, die in vielen Ländern der Dritten Welt einen beträchtlichen Anteil an der Wirtschaft hat.

Was hat das Wirtschaftswachstum mit mir zu tun?

Aus den Nachrichten kennt man mit Grabesstimme vorgetragene Sätze wie „Das Wirtschaftswachstum wird hinter den Erwartungen zurückbleiben“ oder „Wachstumsprognose erneut gesenkt“. Na gut, denken sich viele, aber was hat das mit mir zu tun?

So direkt zunächst einmal gar nichts. Das Wirtschaftswachstum bezeichnet die Zunahme des Bruttoinlandsprodukts, meistens im Vergleich zum Vorjahr. Diese Zahl wird in Prozent ausgedrückt. Sie ist eine der wichtigsten Kennziffern der Volkswirtschaft, die Unternehmern und Politikern angibt, ob sie in den kommenden Monaten oder Jahren mit mehr Aufträgen, Gewinnen, Arbeitsplätzen und Steuern rechnen können.

Wenn die Wirtschaft wächst, heißt das, dass mehr Autos, Maschinen, Möbel und so weiter verkauft werden. Wenn die Händler mehr verkaufen, bestellen sie mehr nach, die Unternehmen bekommen neue Aufträge, müssen mehr produzieren, schaffen vielleicht neue Arbeitsplätze. Wenn mehr Menschen arbeiten, geben mehr Leute mehr Geld aus. Dadurch bekommen die Unternehmen wieder mehr Aufträge ...

So gesehen ist das Wirtschaftswachstum ein Kreislauf, der allerdings schnell unterbrochen werden kann. Wenn beispielsweise alle Menschen genug Autos haben, nehmen die Bestellungen ab, die Unternehmen bekommen weniger Aufträge, drosseln die Produktion und erzielen weniger Gewinn. Deshalb versuchen sie, ihre Kosten zu reduzieren und Arbeitsplätze abzubauen. Dann verdienen die Menschen weniger, neue Jobs gibt es nicht, das Bruttoinlandsprodukt schrumpft, und damit sinkt auch das Volkseinkommen.

Wenn das Bruttoinlandsprodukt schrumpft, nennt man den Zustand Rezession.

Zwischen Gipfel und Talsohle: Wie geht es der Konjunktur?

Das Auf und Ab in der Wirtschaft, ob es den Unternehmen gut oder schlecht geht, spiegelt sich im so genannten Konjunkturzyklus wider. Der beginnt mit dem Aufschwung, dann folgt der Boom, darauf der Abschwung, und schließlich ist die Talsohle erreicht.

Vor allem die Konjunkturerwartungen, die monatlich von dem Münchner Konjunkturforschungsinstitut Ifo durch Umfragen bei Unternehmen ermittelt werden, gelten als wichtiges Stimmungsbarometer, das den Zustand der Konjunktur angibt. Ein Aufschwung beginnt mit positiven Erwartungen der Unternehmer. Die Wachstumsprognosen zeigen eine Zunahme von mehr als zwei Prozent, bald darauf melden die Unternehmen höhere Auftragseingänge, die wiederum die positive Stimmung bei den Konsumenten verstärken, sodass die Ausgaben für Konsumartikel steigen. Der Belebung der Wirtschaftstätigkeit in der Aufschwungphase folgt der Boom oder auch ein Gipfel.

Während des Booms verringert sich das Wachstum allmählich, weil die Auftragseingänge im Investitionsgütersektor langsam weniger werden.

Investitionsgüter sind zum Beispiel Maschinen und Fabrikgebäude, die Unternehmer zur Herstellung ihrer Waren benötigen.

Ein Stimmungswechsel drückt sich auch in den Wirtschaftserwartungen der Unternehmer und Manager aus. Die Anzahl derjenigen steigt, die eine gleich bleibende oder schlechtere Wirtschaftslage erwarten. Wenn ein Bereich zurückgeht, folgen dann meist auch andere Branchen. Die Verbraucher werden von den Meldungen, dass der Boom zu Ende gehen könnte, verunsichert und halten ihr Geld zusammen. Große Anschaffungen werden zurückgestellt. Die Automobilindustrie, die rund 700 000 Menschen beschäftigt, meldet Absatzrückgänge, und in der Bauindustrie bricht die Flaute aus, denn wenn die Auftragslage zurückgeht, werden auch keine neuen Bürohäuser und Werkshallen gebaut. Wenn die Wachstumszahlen in drei aufeinander folgenden Quartalen immer geringer ausfallen, sprechen Wirtschaftswissenschaftler von einer Rezession.

In solchen Situationen versuchen Wirtschaftswissenschaftler und Unternehmer herauszufinden, wann die Talsohle erreicht sein wird, wie breit sie ist und wann es wieder bergauf gehen wird. Die große Gefahr ist, dass die Rezession in eine Deflation übergeht. So wird ein wirtschaftlicher Zustand bezeichnet, in dem die Preise und Löhne sinken, ohne dass dies zu einer Belebung der Konjunktur führen würde. Schwierig ist dabei, dass sich die Wendepunkte von Konjunkturverläufen nicht präzise vorhersagen lassen. Doch wenn es heißt, dass Inlineskates Konjunktur haben, dann soll damit nur gesagt werden, dass dieses Produkt boomt, ein Bestseller ist.

Wenn der „Konjunkturmotor" brummt, läuft die Wirtschaft auf vollen Touren. Wenn es dagegen abwärts geht, stottert er nur noch, und die Verbraucher halten sich beim Einkaufen entsprechend zurück.

Wie kann dem Wachstum auf die Sprünge geholfen werden?

Wäre das schön, wenn man auf Knopfdruck die Wirtschaft wieder auf Touren bringen könnte. Die meisten Politiker würden dafür viel geben. Immerhin: Einige Methoden gibt es, die einen beginnenden Aufschwung zumindest unterstützen können.

Der Wirtschaft unter die Arme greifen können der Staat, die Länder, die Gemeinden und die Notenbank. Dabei gibt es verschiedene Ansätze. Wenn die öffentliche Hand – also Bund, Länder und Gemeinden – ihre Ausgaben erhöht, mehr Aufträge an die Unternehmen vergibt und beispielsweise neue Straßen, Gebäude oder Maschinen bauen lässt, Computer, Büromöbel und Dienstwagen, aber auch Panzer, LKWs und Raketen bestellt, kann sie einen Anschub geben, der den Aufschwung beschleunigt.

Der Staat kann aber auch die Steuern für die Bürger senken oder ihnen Zuschüsse wie höheres Kinder- oder Familiengeld gewähren, damit sie mehr Geld für Autos, Häuser, Jeans, Walkmans, Inlineskates, Surfbretter und was sie sonst noch gerne hätten zur Verfügung haben.

Die Regierung kann aber auch den Unternehmen Steuern erlassen oder bestimmte Regeln, beispielsweise den Kündigungsschutz, lockern.

Dann stellen die Unternehmen vielleicht mehr Leute ein, weil sie weniger Steuern bezahlen müssen und bei schlechter Auftragslage die Belegschaft schneller reduzieren können.

Wenn die Wirtschaftspolitik in erster Linie den Unternehmen zugute kommt, nennen Wirtschaftswissenschaftler das „angebotsorientierte Wirtschaftspolitik“, wenn sie vor allem die Verbraucher begünstigt, damit diese mehr Waren und Serviceleistungen nachfragen, spricht man von „nachfrageorientierter Wirtschaftspolitik“. Eine Wirtschaftspolitik, die auf Wachstum durch Erhöhung von Staatsausgaben setzt, wird auch Keynes'-sche Ökonomie genannt, nach dem amerikanischen Wirtschaftswissenschaftler John Maynard Keynes. Seine Vorschläge wurden in den USA in den 40er-Jahren zur Ankurbelung der Wirtschaft umgesetzt.

Auch die Notenbank kann dem Aufschwung helfen, indem sie den Leitzins senkt, damit Unternehmen und Verbraucher billigere Kredite für Investitionen und Anschaffungen bekommen.

Senkungen des Leitzinses durch die Europäische Zentralbank werden von den Geschäftsbanken oft an ihre Kunden weitergegeben: Kredite werden billiger.

Weniger Einsatz für mehr Waren – warum ist die Produktivität der Wirtschaft wichtig?

Wichtig für die wirtschaftliche Leistungsfähigkeit ist die Produktivität. Damit wird die Veränderung der produzierten Menge von Gütern im Verhältnis zum dafür eingesetzten Material und zur Arbeitsleistung gemessen. Das klingt furchtbar kompliziert.

Nimmt man als Beispiel den Bau eines Autos, wird die Sache schon ein bisschen deutlicher. Die Produktivität sagt etwas darüber aus, wie viele Maschinen, Materialien und Menschen wie lange eingesetzt werden, um ein Auto herzustellen. Die Unternehmen versuchen fortwährend, die Herstellung von Produkten und Dienstleistungen zu optimieren, das heißt, für eine bestimmte Menge an Produkten weniger Material, Maschinen und menschliche Arbeitszeit einzusetzen oder mit dem gleichen Einsatz mehr Güter und Serviceleistungen herzustellen. Wenn dieses Kunststück gelingt, sinken die Herstellungskosten, und dadurch können die Gewinne des Unternehmens steigen oder, bei starkem Wettbewerb, die Preise gesenkt werden.

In den Tarifverhandlungen zwischen Arbeitnehmern und Arbeitgebern spielt die Arbeitsproduktivität eine wichtige Rolle. Sie misst die Anzahl der Arbeitskräfte und die geleisteten Arbeitsstunden im Verhältnis zur produzierten Warenmenge. Durch Rationalisierung, das bedeutet den verstärkten Einsatz von Maschinen, bessere Arbeitseinteilung und Organisation, technischen Fortschritt und höhere Qualifizierung der Beschäftigten, stieg die Arbeitsproduktivität in Deutschland von 1960 bis 1995 um mehr als 200 Prozent. Ein Beschäftigter produzierte 1995 das Dreifache der Menge, die er 1960 hergestellt hatte.

Der Big-Mäc-Index ... Was versteht man unter Kaufkraft?

Was bekommt man eigentlich noch für sein Geld? Diese Frage stellten sich viele Verbraucher nach dem 1. Januar 2002, dem Tag, an dem der Euro eingeführt wurde. Durch die Währungsumstellung kam so mancher ins Schleudern und fühlte sich betrogen.

Doch weniger bekamen die Kunden für ihr Geld nur, wenn der Betrag in Euro höher lag als der alte DM-Betrag geteilt durch 1,95583, wenn also früher ein Liter Milch eine Mark gekostet hatte und jetzt 0,60 Euro verlangt wurden. Die Kaufkraft gibt an, wie viele Güter man für eine bestimmte Menge Geld erhält. Wenn die Preise sinken, steigt die Kaufkraft des Geldes, man bekommt mehr dafür. Steigen die Preise, sinkt die Kaufkraft.

Einen besonderen Service bietet das britische Wirtschaftsmagazin *Economist*. Jedes Jahr wird dort der internationale „Big-Mäc-Index" veröffentlicht. Mit seiner Hilfe kann man sich informieren, welche Kaufkraft der US-Dollar in der jeweiligen Landeswährung gemessen in Big Mäcs hat. Im Jahr 2001 kostete ein Big Mäc in den USA 2,54 US-Dollar, im Euroland durchschnittlich 2,52 Dollar. Es war also vorteilhafter, seinen Big-Mäc-Hunger in Europa zu stillen. Noch billiger kamen Hamburger-Fans in China davon, pro Big Mäc mussten dort nur 1,1947 Dollar bezahlt werden. Teurer war der Fleischklops in der Schweiz, da wurden umgerechnet 4,2048 Dollar pro Big Mäc verlangt. Auch in Großbritannien und Dänemark musste man für McDonald's Superklops deutlich mehr Geld ausgeben: In London kostete er 3,08 Dollar und in Kopenhagen 3,27 US-Dollar. Richtig billig war der Big-Mäc-Verzehr in Südafrika. Da kostete der Big Mäc gerade mal 0,91 Dollar.

Welche Rolle spielen Importe und Exporte in der Wirtschaft?

Geht es um den Zustand der deutschen Wirtschaft, wird immer von Exportabhängigkeit, sinkenden oder steigenden Importen, der Weltwirtschaft oder der US-Nachfrage geredet. Ist unsere Wirtschaft tatsächlich so sehr mit den ausländischen Märkten verflochten?

Importieren: einführen

Gehen wir zurück zum Anfang. Zu dem Wecker, der uns morgens aus dem Bett katapultieren soll. Wo kommt der nochmal her? „Made in Taiwan"? Das tägliche Folterinstrument wurde also in Asien hergestellt und dann nach Deutschland *importiert*. Der Wecker ist eine von vielen Waren, die jenseits der deutschen Grenzen produziert und dann hier verkauft werden. Umgekehrt verkaufen viele deutsche Unternehmen ihre Waren im Ausland. Autos zum Beispiel oder Maschinen, sogar ganze Industrieanlagen. Rund 30 Prozent der in Deutschland hergestellten Waren werden außerhalb Deutschlands verkauft. Das heißt, dass auch ein großer Teil unserer Arbeitsplätze von diesen Ausfuhren abhängig ist.

Wenn also die Konjunktur in den USA boomt und die Unternehmen und Verbraucher dort mehr kaufen, als im Land selbst produziert wird, steigt auch die Nachfrage nach unseren Waren. Dann können auch deutsche Unternehmer mehr herstellen, verdienen mehr und stellen zusätzliche Mitarbeiter ein.

Wenn aber die Amerikaner weniger Waren kaufen, dann geht es auch unseren Unternehmen schlechter. Sie verdienen weniger, müssen vielleicht sogar Mitarbeiter entlassen. Es sei denn, dass sie andere Abnehmer, zum Beispiel in Asien, finden. Das ist aber nicht einfach, weil die USA als einer der größten Märkte der Welt nur schwer zu ersetzen sind.

Die Exporte werden aber auch durch Veränderungen des Wechselkurses beeinflusst.

Ein Beispiel: Ein Auto, das von Deutschland in die USA exportiert wird, kostet 10 000 Euro. Wenn der Wechselkurs amerikanischer Dollar und Euro 1 : 1 beträgt – also 1 US-Dollar gleich 1 Euro ist, kostet das Auto auch in den USA 10 000 Dollar. Fällt aber der Euro im Verhältnis zum Dollar um zehn Prozent, ist also 1 Euro nur noch 0,90 Dollar wert, würde das Auto nur noch 9 000 Dollar kosten. Der Exporteur kann sich überlegen, ob er den alten Preis beibehält und 1 000 Dollar Extra-Gewinn kassiert oder ob er den Preis auf 9 000 Dollar senkt in der Hoffnung, dass er dann mehr Autos in den USA verkaufen kann.

Wenn aber der Dollar im Verhältnis zum Euro um zehn Prozent fällt, hat der Exporteur ein Problem. Dann müsste er 11 000 Dollar für sein 10 000-Euro-Auto verlangen und damit riskieren, dass er in den USA Käufer verliert. Oder aber er verlangt weiter 10 000 Dollar und zahlt drauf.

Für die Exportwirtschaft ist es also schlecht, wenn die eigene Währung im Verhältnis zu anderen zu stark wird, da dann auch die exportierten Waren teuer sind und sich deswegen im Ausland schlechter verkaufen.

Wechselkursverschiebungen treffen die Euro-Staaten zum Teil hart: Einer der wichtigsten Rohstoffe, das Erdöl, wird fast nur gegen US-Dollar geliefert. Wenn der Wert des Dollar im Verhältnis zum Euro steigt, werden bei uns die Importe von Heizöl, Benzin, aber auch von vielen Erzeugnissen aus Kunststoff, die aus Rohölverbindungen hergestellt werden, teurer.

Innerhalb Europas wurden diese Währungsdifferenzen durch die Einführung des Euro aufgehoben. Das hilft auch der deutschen Exportwirtschaft, die rund 60 Prozent ihrer Ausfuhren innerhalb der Europäischen Union verkauft. Diese Waren und Dienstleistungen werden alle in Euro ausgewiesen und bezahlt.

Alles wird teurer – was sagt die Inflationsrate aus?

Zu den Wirtschaftsdaten, die monatlich verkündet werden, oft sogar in den allgemeinen Abendnachrichten im Fernsehen und auf den Titelseiten der Tageszeitungen, gehört die Inflationsrate. Sie gibt Auskunft darüber, wie sich der Wert des Geldes verändert hat.

Inflation lässt sich auch als Kaufkraftverlust des Geldes beschreiben.

Das Gegenteil von Inflation, also das Sinken des Preisniveaus, nennt man Deflation.

Unter *Inflation* versteht man den dauerhaften Anstieg des Preisniveaus, also des Durchschnitts aller Preise.

Statistisch erfasst wird die Inflationsrate mithilfe eines so genannten Warenkorbs, in dem alle Produkte und Dienstleistungen enthalten sind, die eine Familie innerhalb eines Monats zum Leben braucht. Das Sortiment reicht von einer Standardration an Lebensmitteln über die Ausgaben für Wohnen, Strom und Heizung bis hin zu Telefon, Benzin oder U-Bahn-Tickets und Busfahrten. Wenn der Preis für den Inhalt dieses Warenkorbs im Vergleich zum Vormonat steigt, ist die Differenz zwischen den beiden Preisen, ausgedrückt in Prozent, die Inflationsrate.

Nochmal langsam zum Mitdenken: Wenn der Warenkorb Ende Juni 1000 Euro gekostet hat und Ende Juli 1010 Euro dafür verlangt werden, beträgt die Inflationsrate im Monat Juli genau ein Prozent.

Zu einer Inflation kommt es grundsätzlich immer dann, wenn die Nachfrage größer ist als das Angebot.

Auch Preissteigerungen bei wichtigen Rohstoffen, zum Beispiel Öl, werden von den Unternehmen oft über die Preise an die Kunden weitergegeben. Das Gleiche gilt für Lohnerhöhungen.

Die Bundesbank, die nach dem Zweiten Weltkrieg als oberste Währungshüterin eingesetzt wurde, achtete immer streng auf die Stabilität der Mark.

Mit der Einführung des Euro hat die Europäische Zentralbank die Inflationskontrolle im Euroland übernommen.

Ihr wichtigstes Instrument ist die strikte Kontrolle der Geldmenge, die insgesamt im Umlauf ist. Die Menge des verfügbaren Geldes kann beispielsweise durch Leitzinserhöhungen reduziert werden.

Viele ältere Menschen in Deutschland bekommen schon beim Wort Inflation Angst. Denn in Deutschland gab es zu Beginn der 20er-Jahre des 20. Jahrhunderts eine verhängnisvolle Hyperinflation, das bedeutet, eine besonders schlimme Inflation mit massiven Preissteigerungen.

Damals hatte die Regierung, um die hohen Auslandsschulden Deutschlands, die durch die furchtbaren Schäden des Ersten Weltkriegs angerichtet wurden, bezahlen zu können, einfach immer mehr Geld gedruckt. Doch in der Folge waren die Banknoten von Tag zu Tag weniger wert, weil das Papiergeld nicht durch Gold oder eine angemessene Wirtschaftsleistung gedeckt war.

Auf dem Höhepunkt der Inflationswelle hatten die Verbraucher schließlich Milliarden Reichsmark in den Händen und konnten dafür oft nicht einmal ein Brot kaufen. Sparguthaben waren auf einmal praktisch nichts mehr wert, und wer seinen Lohn ausbezahlt bekam, versuchte so schnell wie möglich, das schwindsüchtige Geld in notwendige Waren umzusetzen. Denn schon einen Tag später hätte er viel weniger dafür bekommen.

Geld ausgeben, um Geld zu verdienen? Was sind Investitionen?

Wenn Unternehmer Häuser bauen, Maschinen kaufen oder Geld für die Entwicklung neuer Produkte ausgeben, nennt man das Investitionen. Damit erhöhen sie den Wert ihres Unternehmens und schaffen die Voraussetzungen für weitere Gewinne.

Genau genommen geht es bei Investitionen also um Ausgaben für Produkte, die mich in die Lage versetzen, künftig Gewinne zu erzielen. Das hat erst mal steuerliche Folgen: So zählt beispielsweise die Anschaffung eines Computers für einen Softwareentwickler als Investition. Solche Ausgaben dienen der Ertragsgewinnung und können von der Steuer abgesetzt werden. Das nennt man Abschreibung. Wenn sich allerdings ein Hobbykoch einen Profiherd zulegt, ist das eine persönliche Ausgabe und nicht absetzbar, es sei denn, er beginnt, seinen Lebensunterhalt mit dem Schreiben von Kochbüchern zu verdienen.

Investieren kann man allerdings nicht nur in materielle Güter, sondern auch in immaterielle. Beispielsweise in eine Werbekampagne, um Produkte als Markenartikel auf dem Markt bekannt zu machen. Oder in den Erwerb von Patenten, das sind Rechte, um bestimmte Produktionsverfahren übernehmen oder Produkte nachbauen zu dürfen.

Geht man der Frage nach, wo das Geld für Investitionen herkommt, stößt man auf einen Kreislauf. Unternehmer können nur Geld ausgeben, das sie verdient oder sich von der Bank gepumpt haben. Bei dem geliehenen Geld handelt es sich um die Ersparnisse anderer Leute, die diese bei der Bank angelegt haben. Also kann man sagen, dass im Prinzip nicht mehr Geld investiert werden kann, als gespart wird.

Natürlich ist es schön, wenn man eine Geldreserve für Notfälle oder zur Erfüllung von Lebensträumen hat, sich ein Superrad oder einen megacoolen Südseeurlaub leisten kann. Das ist die eine Seite der Sparerei. Doch es gibt auch noch eine gesamtwirtschaftliche.

Warum ist es wichtig, zum richtigen Zeitpunkt zu sparen?

Aus der Sicht der Wirtschaft ist es Klasse, wenn die Leute Geld sparen und anlegen, weil es den Unternehmen mehr Geld für ihre Investitionen in die Hand gibt.

Doch ist Sparen wirklich immer gut? Was ist mit dem Aufschwung und der Konjunktur? In flauen Zeiten braucht die Wirtschaft doch Aufträge und Einnahmen durch den Verkauf von Produkten. Soll ich dann also nicht lieber shoppen gehen? Keine schlechte Idee. Dann könnten die Unternehmen selbst Geld verdienen und müssten nicht meine Sparguthaben auf der Bank anbaggern.

Und wenn die Konjunktur dann wieder so richtig brummt, was soll ich dann machen? Am besten sparen, damit es nicht zu einer Überhitzung der Wirtschaft kommt und die verstärkte Nachfrage am Ende zu Preisanstiegen und höheren Lohnforderungen führt. Ein solches Verhalten der Kunden ist allerdings nur des Volkswirts schönster Traum. Tatsächlich sparen die Menschen, wenn die Zeiten schlecht sind, und geben Geld mit vollen Händen aus, wenn die Wirtschaft boomt.

Deshalb kommt beim Sparthema auch der Staat, die öffentliche Hand ins Spiel: Nach Ansicht vieler Leute sollte sie sich antizyklisch verhalten, das heißt ihre Ausgaben einschränken, wenn es der Wirtschaft gut geht, und richtig Geld ausgeben, wenn Stimmung und die Wirtschaft im Keller sind.

Der Wirtschaftswissenschaftler John Maynard Keynes begründete die Theorie, nach der der Staat steuernd in die Wirtschaft eingreifen und während der Rezession seine Ausgaben erhöhen soll, selbst dann, wenn er sich dafür verschulden muss.

Subventionen: Geldgeschenke zum Verjubeln?

Davon träumt jeder: Der reiche Onkel kommt zu Besuch und steckt einem einen Hunderter zu. Einfach so zum Verjubeln, eine Gegenleistung wird nicht erwartet. Und das Beste ist, der Onkel kommt nun jeden Monat ...

So ähnlich geht es bei den staatlichen Subventionen auch zu. Nur dass der reiche Onkel jetzt der Staat ist oder die Europäische Kommission und das Geld von den Steuerzahlern kommt. Die Beschenkten sind Unternehmen oder Organisationen.

Offiziell handelt es sich bei Subventionen um „Geldleistungen, die einem Unternehmensbereich im Rahmen der Wirtschafts- und Forschungsförderung gewährt werden und auf die der Empfänger keinen Rechtsanspruch hat. Im Gegensatz zu Zuwendungen, die sich nur auf Geldleistungen beschränken, können Subventionen auch in der Form von Steuersubventionen gewährt werden. Der Empfängerkreis von Subventionen ist auf private Rechtsträger beschränkt. Die staatliche Hilfe muss zur Erreichung des angestrebten Zwecks geeignet und erforderlich sein. Subventionen sollen nach einem im Juli 1982 verabschiedeten Subventionskodex in möglichst geringem Maße in das Markt- und Wettbewerbsgeschäft eingreifen. In der Regel sollen sie befristet, zeitlich abnehmend gestaltet und in geeigneten Fällen mit einer Rückzahlungsverpflichtung versehen sein.“ So beschreibt es die Bundesregierung.

Im Jahr 2001 wurden in Deutschland Subventionen in Höhe von 156 Milliarden Euro gewährt. Das sind 7,5 Prozent des Bruttoinlandsprodukts und 35 Prozent des gesamten Steueraufkommens.

Bisher hat jede Regierung geschworen, die „Subventionitis“ zu beenden. Doch meistens waren es nur Lippenbekenntnisse.

Das Steueraufkommen ist die Summe aller Einnahmen aus Steuern.

Die Liste der Subventionsempfänger ist lang. Zu den Begünstigten gehören zum Beispiel Landwirte, die günstige Kredite erhalten, Zahlungen zum Ausgleich von Preisverlusten bei der Eier- und Geflügelwirtschaft, zur Verbilligung von Benzin und Diesel und zum Ausgleich von Devisenverlusten.

Die Energiewirtschaft und der Bergbau bekommen Geld, um billigere Steinkohle an die Elektrizitätswirtschaft liefern zu können.

Die Landwirtschaft gehört zu den größten Subventionsempfängern. Außerdem schirmt die EU die landwirtschaftlichen Produkte mit hohen Einfuhrzöllen vom Weltmarkt ab.

Insgesamt belaufen sich die direkten Subventionen, die den einzelnen Sektoren zugeordnet werden können, auf 86 Milliarden Euro; davon entfallen 76 Prozent auf die Bereiche Landwirtschaft, Bergbau, Verkehr und Wohnungswirtschaft. Für die Förderung einzelner Regionen oder zur Steigerung der Beschäftigung stehen 25 Milliarden Euro zur Verfügung.

Wenn alle Stricke reißen: Wer bekommt Sozialhilfe?

Wer keinen Job und keine Ersparnisse hat, ist nicht zu beneiden. Völlig im Regen steht er allerdings nicht. Er hat Anspruch darauf, dass ihm die öffentliche Hand unter die Arme greift. Dies geschieht durch verschiedene Sozialhilfeleistungen.

Offiziell heißt die Sozialhilfe „Hilfe zum Lebensunterhalt".

Sozialhilfeleistungen erhalten bedürftige Bewohner Deutschlands, unabhängig von ihrer Staatsbürgerschaft. Die Leistungen erlauben ein bescheidenes, aber menschenwürdiges Dasein. Wer Anspruch auf welche Art von Unterstützung hat, hängt von Alter, Erwerbsfähigkeit und Vermögensverhältnissen ab. Erwerbsfähige Arbeitslose zwischen 15 und 65 Jahren, die keinen Anspruch auf Arbeitslosengeld haben, können bei der Agentur für Arbeit die „Grundsicherung für Arbeitssuchende", das so genannte Arbeitslosengeld II, beantragen. Bedürftige Menschen über 65 mit geringer Rente und solche, die dauerhaft erwerbsunfähig sind, erhalten die „Grundsicherung im Alter oder bei Erwerbsminderung". Anspruch auf die durch das Sozialamt gewährte Sozialhilfe haben nur wenige Menschen. Sie müssen dazu auf befristete Zeit eingeschränkt arbeitsfähig sein und bestimmte Voraussetzungen erfüllen. So müssen Antragsteller von Sozialhilfe beispielsweise nachweisen, dass sie kein eigenes Vermögen besitzen. Der Aktienspekulant, der sein Geld in Wertpapiere gesteckt hat und sie wegen der Flaute am Aktienmarkt nicht verkaufen will, ist kein Anwärter für die Sozialhilfe. Von Eltern oder erwachsenen Kindern kann das Sozialamt die Übernahme von Unterhalt verlangen. Erst wenn auch das nicht möglich ist, übernimmt der Staat die Versorgung des Bedürftigen.

Das Arbeitslosengeld II ersetzt die frühere Arbeitslosen- und Sozialhilfe für erwerbsfähige Personen. Arbeitslosengeld-II-Empfänger sind nun stärker zur Jobsuche angehalten, da ihnen ansonsten die finanzielle Unterstützung gekürzt wird.

Kann man allein mit der Sozialhilfe wirklich über die Runden kommen? Wohl kaum. Deshalb gibt es noch einige andere Hilfsleistungen der Gemeinden, die aber höchst unterschiedlich ausgelegt und angeboten werden.

Zum Leben zu wenig, zum Sterben zu viel? Welche Hilfen gibt es noch?

Zu den wichtigsten Posten dieses Katalogs zählt das Wohngeld. Das sind Zuschüsse, die das Sozialamt zur Wohnungsmiete und zu den Heizkosten gewährt. Natürlich wird damit nicht der Bungalow in der Luxuswohngegend finanziert, sondern eine je nach Haushaltsgröße angemessene 1- bis 2-Zimmerwohnung. Mit der Reformierung des Sozialhilferechts im Jahre 2005 wurde der Regelsatz der Sozialhilfe angehoben. Davor erhielten Sozialhilfeempfänger regelmäßig zusätzliche Beihilfen für Bekleidung, Einrichtungsgegenstände, Reparaturkosten und anderes. Mit der nun höheren Sozialhilfe sollen sie ihren Bedarf an Möbeln und Kleidung eigenverantwortlich selbst decken. In Ausnahmefällen werden vom Sozialamt darüber hinaus weitere Zuschüsse gewährt.

Wer chronisch krank ist oder Diät halten muss und deshalb höhere Lebenshaltungskosten belegen kann, bekommt ebenfalls einen Zuschuss zu diesen Kosten. Das Gleiche gilt für Behinderte oder Schwangere. Das Sozialamt übernimmt auch die Kosten für besondere Anlässe wie Hochzeiten oder Beerdigungen. Allerdings müssen alle diese Leistungen gesondert beantragt werden.

Warum kassiert der Staat Steuern?

Bund, Länder und Gemeinden haben viele Verpflichtungen - nicht nur, wenn ihre Bürger in Not geraten sind und staatliche Hilfen in Anspruch nehmen müssen. Zu den Aufgaben der öffentlichen Hand gehört noch viel mehr.

Aufbau Ost: Maßnahmen, die den Wandel der neuen Bundesländer zu einer erfolgreichen Wirtschaftsregion fördern sollen.

Bund, Länder und Gemeinden finanzieren, zumindest teilweise, die Verwaltungen, Schulen, Universitäten, Gerichte, Polizei, Bundeswehr, Gefängnisse, Straßen, Schienen- und Wasserwege, Müllabfuhr und Trinkwasserversorgung, Katastrophenschutz und vielerorts auch die Feuerwehr. Sie fördern die industrielle Entwicklung von Regionen und den *Aufbau Ost*.

Kapitaleinkünfte sind zum Beispiel Dividenden oder Zinsen.

Wo nimmt der Staat das Geld her, mit dem all das bezahlt wird? Ganz einfach: Er erhebt Steuern. Jeder, der ein geregeltes Einkommen hat, muss einen Teil seiner Einkünfte an den Staat abgeben. Das gilt für Selbstständige ebenso wie für Angestellte oder die Bezieher von *Kapitaleinkünften*. Nur wer sehr wenig Geld verdient, muss keine Steuern auf seine Einkünfte zahlen. Die Einkommensteuer macht den größten Batzen der Staatseinnahmen aus, doch es gibt noch eine Fülle von anderen Abgaben und Steuern, die auf Waren und Dienstleistungen erhoben werden und so die Staatskassen füllen.

Im Jahr 2001 waren es 484 Milliarden Euro, die Bund, Länder und Gemeinden kassierten. Eine gigantische Summe, und dennoch reichte sie nicht aus, um alle Verpflichtungen zu begleichen. Die Neuverschuldung der öffentlichen Haushalte betrug Ende des Jahres 2001 49,8 Milliarden Euro.

Die Haushaltslage vieler Städte und Gemeinden gilt als dramatisch.

Es ist keine Ausnahme, dass der Staat mehr ausgibt, als er einnimmt. Insgesamt betrug der Schuldenberg von Bund, Ländern und Gemeinden im Jahr 2002 rund 1,2 Billionen Euro.

Ein kleiner Überblick: Welche Steuern gibt es?

Vom Einkommen bis zum Schaumwein: Die öffentliche Hand nimmt sich ihren Teil. Ob Angestellter, Unternehmer, Hundebesitzer, Autofahrer, Raucher oder Champagnerliebhaber - jeder muss seinen Obolus an den Fiskus zahlen.

Die Steuerart, die am meisten bringt, ist die Lohn- und Einkommensteuer, die Arbeitern und Angestellten von ihrem Lohn abgezogen wird. Auch die Unternehmen werden vom Staat zur Kasse gebeten: Auf ihre Gewinne fallen die so genannten Körperschaftssteuern und die Gewerbesteuern an. Diese Steuern müssen sie allerdings nicht zahlen, wenn sie nichts verdienen. Das war in dem eher flauen Wirtschaftsjahr 2001 der Fall, da bekam der Bundesfinanzminister statt knapp 25 Milliarden Euro nur noch mickrige 1,3 Milliarden Euro.

Obolus: kleiner Geldbetrag

Geschrumpft ist auch der zweitgrößte Einnahmebrocken des Staates: die Mehrwertsteuer, die auf alle Waren und Dienstleistungen erhoben wird. Der Mehrwertsteuersatz liegt bei 16 Prozent (Stand 2006), nur bei Lebensmitteln, Büchern und Presseerzeugnissen werden nur sieben Prozent aufgeschlagen.

Daneben gibt es noch viele andere Steuern, zum Beispiel solche, die beim Abschluss einer Versicherung fällig werden, beim Kauf von Zigaretten und Tabakwaren, von Kaffee, beim Brennen von Schnaps, beim Kauf von Benzin.

Manche Steuern gibt es schon lange. So hat der letzte deutsche Kaiser Wilhelm II. um 1900 eine Steuer auf Sekt und Schaumweine einführen lassen, weil er Geld brauchte, um die damalige deutsche Kriegsmarine aufzurüsten. Die ist inzwischen längst untergegangen, doch die Schaumweinsteuer gibt's noch immer ...

Was passiert, wenn der Staat mehr ausgibt, als er einnimmt?

In den täglichen Nachrichten sind die Worte Staatsverschuldung, Haushaltsdefizit, Nettokreditaufnahme, Schuldenberg und Maastricht-Kriterien so häufig wie die Ankündigung des Wetterberichts. Offenbar gibt der Staat mehr Geld aus, als er einnimmt.

Wenn die Kassen von Bund, Ländern und Gemeinden leer sind, müssen sie sich Geld borgen. Geldgeber sind Banken und Anleger, die für ihr Kapital Anleihen erwerben, die der Staat meist verzinst zurückzahlen muss. Es gibt kaum ein Jahr, in dem die öffentliche Hand nicht mehr ausgibt, als sie einnimmt. Neben neuen Kreditaufnahmen, mit denen die aktuelle Lücke zwischen Einnahmen und Ausgaben, das Haushaltsdefizit, geschlossen wird, gibt es die Altschulden – in der Vergangenheit angehäufte Schuldenberge.

Die Neuverschuldung nennt man Nettokreditaufnahme.

Manchmal verfügt die Regierung eines Staates oder Bundeslandes oder die Verwaltung einer Gemeinde auch eine Haushaltssperre. Dann entscheidet der Finanzminister oder Kämmerer bei jeder Ausgabe, ob sie wirklich notwendig ist.

Das Leben auf Pump ist auch für den Staat gefährlich, denn wie jeder private Schuldner muss er das geliehene Geld zurückzahlen und obendrein die Zinsen. Je mehr Schulden ein Staat angehäuft hat, umso höhere Zinsen muss er zahlen. Durch den Schuldendienst fehlt dem Staat Geld für wichtige Aufgaben und Investitionen in Schulen, Universitäten und Kindergärten, für den Bau von Straßen und Schienen oder den Umweltschutz.

Zu Beginn des neuen Jahrtausends ging jeder fünfte Euro,

den der deutsche Staat an Steuern und Gebühren von den Bürgern einnahm, für Zinszahlungen drauf.

Trotzdem kann es wichtig sein, dass der Staat in wirtschaftlich schlechten Zeiten mehr Geld ausgibt, als er einnimmt, um durch Einkäufe und Investitionen den Unternehmen des Landes neue Aufträge zu verschaffen und damit die Konjunktur anzukurbeln. Allerdings muss die Regierung immer genau aufpassen, dass sie sich nicht zu hoch verschuldet.

In der europäischen Währungsunion sorgen feste Regeln dafür, dass sich kein Staat übermäßig verschuldet.

Diese so genannten Maastricht-Kriterien wurden 1991 bei einem Treffen der europäischen Regierungschefs in Maastricht festgelegt. Danach darf jeder Staat im Euroland jährlich nur noch neue Schulden in Höhe von drei Prozent des Bruttoinlandsprodukts aufnehmen. Insgesamt darf der Schuldenberg 60 Prozent des BIP nicht überschreiten. Damit soll verhindert werden, dass einzelne Staaten sich überschulden.

Wenn der Schuldenberg eines Landes zu hoch wird, steigt das Risiko, dass die Kredite eines Tages nicht mehr zurückgezahlt werden. Dadurch sinkt auch das Vertrauen, das potenzielle Geldgeber im Ausland in die Wirtschaftsleistung des Staates und dessen Währung haben: Sie kaufen keine *Devisen* dieses Landes mehr, und dann fällt auch der Wechselkurs. Durch die Maastricht-Kriterien soll also verhindert werden, dass die Wirtschaft im Euroland und der Wechselkurs des Euro geschwächt werden. Die Maastricht-Kriterien werden deshalb auch Stabilitätskriterien genannt.

Devisen sind Guthaben, Schecks und Wechsel in fremden Währungen.

Zu den Staaten, die den Euro eingeführt haben, gehören seit dem 1. Januar 1998 Belgien, Deutschland, Finnland, Frankreich, Irland, Italien, Luxemburg, die Niederlande, Österreich, Portugal und Spanien und seit Januar 2001 auch Griechenland.

Können Staaten Pleite gehen?

Wenn ein Unternehmen pleite ist, muss die Unternehmensführung einen Insolvenzantrag stellen. Doch was ist mit Staaten, die überschuldet sind und deren Wirtschaft am Boden liegt: Müssen die auch Konkurs anmelden?

Die Zahlungsunfähigkeit oder Überschuldung eines Unternehmens oder einer Privatperson nennt man Insolvenz oder Konkurs.

Ein formelles Insolvenzverfahren für Staaten gibt es noch nicht, wohl aber eine Art Feuerwehr, die in solchen Schuldenkrisen einschreitet. Das sind der *Internationale Währungsfonds (IWF)* und die Weltbank. Diese internationalen Behörden mit Sitz in Washington wurden 1944 als „Retter in der Not" gegründet, wenn Staaten in finanzielle Notlagen geraten und keine andere Bank ihnen Geld geben würde. 184 Staaten sind Mitglied dieser Organisation.

Der IWF soll das internationale Währungs- und Finanzsystem überwachen.

Allerdings müssen die Länder, die den IWF um Geld bitten, strenge Auflagen erfüllen: Sie müssen einen strikten Sparkurs einhalten, alle nicht dringend erforderlichen Staatsausgaben streichen, die Zinsen für Kredite drastisch erhöhen, Not leidende Banken schließen oder sanieren. In den 90er-Jahren des vergangenen Jahrhunderts mussten sich unter anderem Indonesien, Thailand und Südkorea dem Spardiktat von IWF und Weltbank beugen. Für die betroffenen Staaten und ihre Einwohner war das eine herbe Erfahrung. Weil Subventionen gestrichen und Sozialausgaben drastisch gekürzt wurden, stieg die Arbeitslosigkeit während der Rettungsaktion dramatisch an, und viele Familien wurden ohne staatliche Unterstützung an den Rand des Existenzminimums getrieben. Bis sich die Wirtschaft wieder von der Schocktherapie der IWF-Experten erholte, vergingen mehrere Jahre.

Ich wär so gerne Millionär ... Wer ist reich?

Keine Frage: Wer eine oder besser ein paar Millionen gewonnen, geerbt oder geschenkt bekommen hat, zählt zu den Reichen im Lande. Auch die Bundesliga-Kicker gehören eindeutig zum Club der „Happy Few“.

Es gibt keine allgemein anerkannte Definition, ab wann ein Mensch reich ist. Grundsätzlich kann man Reichtum anhand des Einkommens oder des Vermögens beschreiben. Die privaten Haushalte in Deutschland verfügten 1998 über ein Privatvermögen von rund 4,2 Billionen Euro. Das macht pro Haushalt im Schnitt 130 000 Euro in Westdeutschland und 45 000 Euro in Ostdeutschland.

Die Vermögen sind sehr ungleich verteilt: Im früheren Bundesgebiet waren rund 42 Prozent des Privatvermögens im Besitz der vermögendsten zehn Prozent der Haushalte, während den unteren 50 Prozent der Haushalte nur 4,5 Prozent des Vermögens gehörten. Die obersten zehn Prozent besaßen im Durchschnitt ein Vermögen von rund 0,5 Millionen Euro pro Haushalt, die unteren 50 Prozent nur 11 250 Euro. In den neuen Ländern war die Ungleichheit noch größer.

Nimmt man die Nettoeinkommen als Grundlage, so gab es 1995 in Deutschland rund 13 000 Einkommensmillionäre, das heißt Leute, die pro Jahr netto mindestens eine Million Mark verdienten. Ihr mittleres Einkommen lag bei knapp 1,5 Millionen Euro. Nur 229 von ihnen lebten im Osten Deutschlands. Im Gegensatz dazu betrug das durchschnittliche Nettoeinkommen eines westdeutschen Haushaltes 1998 etwa 31 600 Euro, das eines ostdeutschen 24 240 Euro im Jahr.

Alles ist relativ - wer ist arm?

Deutschland ist eines der reichsten Länder der Welt. Gibt es bei uns überhaupt arme Menschen? Sicherlich - wenn die Armut in Deutschland auch nicht vergleichbar ist mit dem Massenelend, das viele Menschen in den Staaten der Dritten Welt erdulden müssen.

Das Problem, was Armut ist und wer zu den Armen gehört, ist unter Sozialwissenschaftlern, Sozialarbeitern und Politikern umstritten.

Einigkeit herrscht allerdings darüber, dass es in Deutschland keine absolute, sondern nur relative Armut gibt. Nicht das physische Überleben von Menschen ist gefährdet – wie in vielen Ländern der Dritten oder Vierten Welt –, sondern das menschenwürdige Leben.

Nach der in der Europäischen Union gültigen Definition gelten als verarmte Personen diejenigen „Einzelpersonen, Familien oder Personengruppen, die über so geringe (materielle, kulturelle und soziale) Mittel verfügen, dass sie von der Lebensweise ausgeschlossen sind, die in dem Mitgliedsstaat, in dem sie leben, als Minimum annehmbar ist".

Der Mindestbedarf, der durch die Sozialhilfe garantiert wird, lässt sich als die politisch festgesetzte, „offizielle" Armutsgrenze ansehen. Er sichert den Empfängern ein Einkommen im Bereich zwischen 40 und 50 Prozent des Durchschnittseinkommens.

Die Zahl der Menschen, die wirklich unter beziehungsweise an der Sozialhilfegrenze leben müssen, wird allerdings häufig unterschätzt, weil die so genannte „Dunkelziffer der Armut" – auch „verdeckte Armut" genannt – statistisch nicht erfasst wird.

In Deutschland stellen im Schnitt weniger als die Hälfte der Sozialhilfeberechtigten auch tatsächlich einen Antrag auf staatliche Unterstützung.

Viele scheuen den Gang zum Sozialamt aus Stolz oder Scham, aus Furcht vor der Brandmarkung als Almosenempfänger oder auch, weil sie verhindern möchten, dass ihre Kinder oder andere Verwandte zur finanziellen Unterstützung verpflichtet werden.

Rechnet man diese Dunkelziffer zur Zahl der Sozialhilfeempfänger hinzu, dann lebten Ende 2003 etwa 6 Millionen Menschen, das sind rund sieben Prozent der Bevölkerung, an oder unter der offiziellen Armutsgrenze.

Die europäische international vergleichende Armutsforschung arbeitet mit dem etwas weiter gefassten Begriff der „relativen Armut": Arm sind nach dieser Definition Einzelpersonen oder Familien, die über weniger als die Hälfte des durchschnittlichen Haushaltsnettoeinkommens – gewichtet nach Anzahl und Alter der in einem Haushalt lebenden Personen – verfügen. Wer mit weniger als 40 Prozent des Durchschnittseinkommens auskommen muss, befindet sich in so genannter „strenger Armut".

Im Jahr 2002 mussten Haushalte von Sozialhilfeempfängern mit monatlich 508 Euro pro Person auskommen. Dies entsprach 41 Prozent der Summe, die einem Durchschnittshaushalt zur Verfügung stand.

Unter dieser 50-Prozent-Grenze leben in Deutschland erheblich mehr Menschen als an oder unter der offiziellen Sozialhilfegrenze. Im Jahr 2000 waren demnach rund 6,6 Millionen Westdeutsche (9,7 Prozent) und 0,8 Millionen Ostdeutsche (5,8 Prozent) arm.

Wie kann das Wohlstandsgefälle abgebaut werden?

Die Reichen werden immer reicher, die Armen immer ärmer - das kritisieren viele als ungerecht und unsozial und mahnen immer wieder eine gerechtere Verteilung von Reichtum und Vermögen an. Doch wie soll das geschehen?

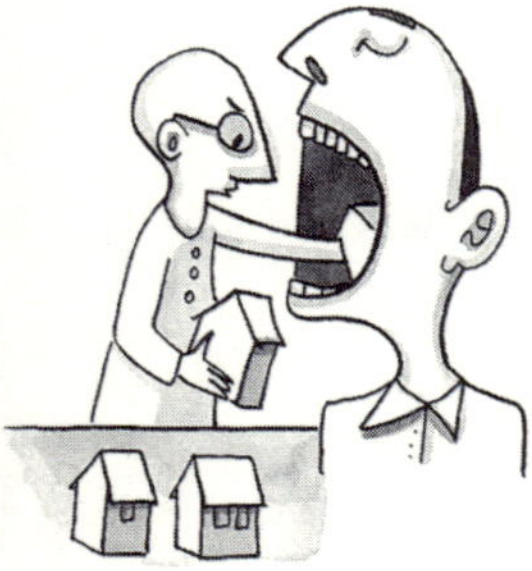

Eine Möglichkeit zur gerechteren Verteilung des Reichtums ist die Besteuerung von hohen Einkünften und Vermögen. Das wird bereits getan: Der *Spitzensteuersatz* liegt in Deutschland noch immer bei 51,2 Prozent. Mehr als jeden zweiten Euro müssen Einkommensmillionäre an den Fiskus abführen. Theoretisch. Denn so einfach können diese Steuersätze nicht immer angewandt werden. Das Steuerrecht lässt gerade den wohlhabenden Bürgern viele Schlupflöcher und Möglichkeiten, die Steuerlast zu reduzieren.

Spitzensteuersatz: Der höchste Steuersatz, den Spitzenverdiener zahlen müssen.

Versuche des Bundesfinanzministers, die Steuerschlupflöcher zu schließen, führten bisher oft dazu, dass die Reichen ihr Geld ins Ausland brachten, wo die Steuern niedriger sind als in Deutschland. Auch die Einführung der *Zinsabschlagssteuer* löste eine Fluchtwelle aus. Mittlerweile schlummern Milliarden Euro deutscher Herkunft auf Bankkonten in den benachbarten Steueroasen.

Die Zinsabschlagssteuer wird auf Kapitaleinkünfte pauschal in Höhe von 30 Prozent erhoben.

Der deutsche Fiskus muss sich noch gedulden: In den 20er-Jahren dieses Jahrtausends werden Vermögenswerte in Billionenhöhe die Hand wechseln. Die heute Reichen werden ihre umfangreichen Besitztümer an ihre Erben weiterreichen. Das könnte die große Stunde von Fiskus und Regierung sein. Sie könnten die Erbschaftssteuern drastisch erhöhen und so die knappe Kassenlage von Bund, Ländern und Gemeinden ausgleichen.

Die reichen Industriestaaten, in denen gerade mal 15 Prozent der Weltbevölkerung leben, kontrollieren stolze 80 Prozent des Welteinkommens. Die Schere zwischen Arm und Reich öffnet sich unaufhaltsam immer weiter.

Wie kann der Wohlstand auf der Welt besser verteilt werden?

In fast allen Industriestaaten findet sich in den Haushaltsbudgets der Regierungen ein Posten Entwicklungshilfe. Tatsächlich gab es sogar einmal eine internationale Vereinbarung, dass alle reichen Staaten sieben Prozent ihres Haushaltsbudgets für die Unterstützung der Dritte-Welt-Länder ausgeben sollten. Doch dieser Prozentsatz wurde fast nie erreicht.

Und nicht nur wegen der knappen Bemessung der Finanzspritzen ist die Entwicklungshilfe in die Kritik geraten. Allzu oft wurde diese Unterstützung nur gewährt, um industrielle Großprojekte in den Entwicklungsländern zu fördern. Den Bau von gigantischen Elektrizitätswerken in Afrika, von Ölpipelines in den Anden. Die Bevölkerung hat von diesen Mammutvorhaben wenig. Sie kann den Strom, den die Kraftwerke liefern, nicht bezahlen, die Pipeline zerstört ihre Umwelt.

Inzwischen hat sich die Ansicht durchgesetzt, dass Entwicklungshilfe vor allem dazu beitragen soll, dass die Menschen in den betroffenen Ländern sich selbst helfen können.

Durch die Unterstützung von vielen konkreten und kleinen Projekten soll „Hilfe zur Selbsthilfe“ geleistet werden.

Wegen der Verschuldung vieler Entwicklungsländer fordern immer mehr Menschen den Erlass aller Auslandsschulden. Das wollen die internationalen Finanzinstitutionen bisher allerdings nur den Ärmsten der armen Staaten gewähren.

Wichtig wäre auch, dass die Industriestaaten Handelshindernisse für Waren aus der Dritten Welt abbauen, dass sich also beispielsweise die EU für Landwirtschaftsprodukte öffnet.

Wachtelkönig oder Fabriken: Ruiniert die Wirtschaft die Umwelt?

Saurer Regen, Waldsterben, Erderwärmung, Klimakatastrophen, Ozonlöcher, Flutwellen ... Die Umweltbelastung durch die Wirtschaft lässt sich schon lange nicht mehr schönreden und vertuschen. Die Unternehmen haben erheblich zur Umweltzerstörung beigetragen.

In den vergangenen zwei Jahrzehnten erzielte die Wirtschaft aber auch Erfolge bei der Umstellung auf eine umweltverträglichere Produktion. Wer in den 50er-Jahren ins Ruhrgebiet reiste, musste bei der Ankunft in Dortmund, Duisburg oder Mülheim nur die Nase aus dem Zugfenster stecken, um zu wissen, dass er am Ziel war. Dichter Rauch oder der Geruch von Braunkohle waberte durchs Revier. Diese Zeiten sind vorbei - der Himmel im Ruhrpott ist wieder blau, die Luft kaum stärker belastet als in anderen deutschen Ballungsräumen. Auch auf anderen Gebieten hat die Industrie gezeigt, dass ein sorgfältigerer Umgang mit natürlichen Rohstoffen möglich und nicht geschäftsschädigend ist: Der Spritverbrauch der Autos wurde um die Hälfte reduziert, strengere Abgasvorschriften verringerten den Schadstoffausstoß erheblich.

Doch gemessen an der Steigerung der Arbeitsproduktivität blieb die Industrie bei der Nutzung von Natur und Umwelt weit weniger sparsam. Die Produktivität beim Einsatz von Energie stieg nur um 31 Prozent, die von Wasser um 36 Prozent und die von Rohstoffen um 49 Prozent – die Arbeitsproduktivität hingegen um 207 Prozent. Und wer die trotz kleiner Fortschritte weiter wachsende Zerstörung der Umwelt sieht, weiß, dass ein grundlegendes Umdenken dringend notwendig ist.

Auf der ersten Klimakonferenz 1992 in Rio de Janeiro wurde der Begriff der „Nachhaltigkeit“ entwickelt.

Eine nachhaltige Entwicklung soll die Bedürfnisse der Gegenwart befriedigen, ohne zu riskieren, dass künftige Generationen ihre Bedürfnisse nicht befriedigen können.

Nach diesem Konzept sollen innovative technische Lösungen, die Einsparung von Rohstoffen, die Entwicklung von Ersatzstoffen und vorbeugende Umweltschutzmaßnahmen entwickelt und gefördert werden. Auf diese Weise soll Wirtschaftswachstum in Zukunft nicht mehr gleichbedeutend mit Rohstoffverbrauch und Umweltbelastung sein. In Deutschland wurde 1999 die Ökosteuer eingeführt, eine Abgabe, die alle Verbraucher von Energie, Strom, Öl, Gas, Benzin bezahlen müssen. Durch sie gibt es jetzt einen „Preis“ für die Verschmutzung zum Beispiel von Luft oder Wasser.

Regenerative, das heißt erneuerbare, Energien werden vom Staat gezielt gefördert. Ihr Anteil an der Stromgewinnung liegt heute bei etwa acht Prozent. Neben Windkraft gehören Wasserkraft, Solarzellen und Erdwärme dazu.

Warum lassen die Hersteller von Autos oder Sportschuhen ihre Waren in Lateinamerika oder China produzieren?

Billige Arbeitskräfte, niedrigere Umweltvorschriften, geringe Mindestanforderungen an die Betriebssicherheit ...
Für viele Unternehmen aus Industrieländern kann der Ausflug in die Dritte Welt zu höchst einträglichen Geschäften führen.

Genau wie innerhalb einer Volkswirtschaft beruht auch der internationale Handel auf Arbeitsteilung und Spezialisierung: In jedem Land werden die Waren produziert, die dort am besten oder günstigsten produziert werden können.

Vor allem westlichen Unternehmen bietet diese internationale Arbeitsteilung viele Vorteile: Die Löhne betragen in anderen Erdteilen oft nur einen Bruchteil der hier üblichen Arbeitsentgelte. 38,5-Stunden-Wochen gibt es nicht.

Hohe Motivation, sehr gute Ausbildung, oft mit Hochschulabschluss, und im Vergleich zu Deutschland äußerst günstige Löhne führten dazu, dass sich beispielsweise in Indien um die Stadt Bangalore ein Zentrum für Softwareentwicklung etablieren konnte. Unternehmen, die sich dort angesiedelt und auch noch eine Niederlassung in den USA haben, können rund um die Uhr forschen, entwickeln und konstruieren lassen. Die Zeichnungen werden per Internet rund um den Globus geschickt. Wenn in Indien Feierabend ist, wird in Frankfurt noch gearbeitet, und danach übernimmt dann New York oder die Niederlassung in Kalifornien.

Die Zeitverschiebung und die modernen Telekommunikationstechniken, vor allem das Internet, helfen bei der Konstruktion von Netzwerken, in denen die Sonne niemals untergeht.

Die Welt als Dorf? Was bedeutet Globalisierung?

Autos aus Japan, Computer aus Taiwan - die Warenwelt des 21. Jahrhunderts ist total global. Unternehmen aus Europa und den USA sind in aller Herren Länder zu Hause, verkaufen, kaufen, produzieren ihre Waren im Ausland oder importieren Zubehör.

Zu dieser Entwicklung haben sinkende Transportkosten und der Abbau von Handelsschranken wie zum Beispiel Zöllen wesentlich beigetragen. Die Grenzen zwischen den Staaten und damit auch der Ort, an dem Waren produziert werden, verlieren mehr und mehr an Bedeutung.

Doch der Begriff Globalisierung umfasst mehr als internationale Zusammenarbeit: Die Welt ist heute ein einziger, riesiger Finanzmarkt. Aktien, Renten und Währungen werden weltweit an den Börsen gehandelt und können innerhalb von Sekunden per Mausklick ge- oder verkauft werden. Jeden Tag werden rund 1,5 Billionen Dollar zwischen den Börsen hin und her geschoben. Da 30 bis 40 Milliarden zur Abwicklung des Welthandels genügen würden, besteht der Rest aus reinen Geldanlagen. Die Spekulanten, die diese enormen Summen anlegen, bekommen dadurch auch einen großen Einfluss auf die Politik. Durch den Abzug ihres Kapitals aus einem Land oder einer Region können sie massive Wirtschaftskrisen auslösen.

80 Prozent dieses Geldes wechseln alle acht Tage den Besitzer.

Und weil die Welt inzwischen so eng vernetzt ist, quasi zum „globalen Dorf“ geworden ist, betrifft eine Krise in einem Erdteil rasch auch die anderen Kontinente: Auch Wirtschaftskrisen, Kriege oder Umweltkatastrophen haben Auswirkungen auf den gesamten Globus.

Was wollen die Globalisierungs-kritiker?

Es begann im November 1999 in Seattle, dann folgten Prag, Göteborg und Genua. Überall versammelten sich junge Menschen, um gegen die Globalisierungsstrategien der westlichen Unternehmen zu protestieren. Die Stärke dieser Bewegung überraschte die Weltöffentlichkeit. Was war passiert?

Wer genauer hinsah, konnte auch schon vor dem öffentlichen Protest die Schattenseiten der wirtschaftlichen Eroberung der Dritten Welt durch die Industriekonzerne aus Europa und den USA erkennen. Sicher, die westlichen Manager brachten Arbeitsplätze und geregelte Einkommen in die Länder, die versuchten, eigene Industrie- und Wirtschaftsstrukturen aufzubauen. Doch der Preis war hoch: Die Arbeitskräfte wurden, gemessen am westlichen Standard, ausgebeutet und alte gesellschaftliche Strukturen oft zerstört.

Schlimmer allerdings wirkten sich die Eingriffe der internationalen Banken und Finanzinstitute zum Beispiel auf die noch nicht gefestigten Volkswirtschaften Asiens aus. In der Asienkrise Ende der 90er-Jahre des letzten Jahrhunderts zeigten sich die Gefahren des schnell beweglichen Spekulationskapitals besonders deutlich. Nachdem billige internationale Kredite die Wirtschaft in den südostasiatischen Staaten jahrelang angeheizt hatten, zogen sich die Anleger beim ersten Anzeichen einer Krise sofort aus der Region zurück und lösten so eine schwere Wirtschaftskrise aus. Pleiten und Betriebsschließungen waren die unausweichliche Folge. Die Arbeitslosigkeit stieg dramatisch. Die wirtschaftliche Entwicklung von mehreren Jahrzehnten, der bescheidene Wohlstand der Staaten wurde innerhalb weniger Monate vernichtet. Den großen Reibach hatten die Kapitalanlagegesellschaften im Westen gemacht.

Gegen diese brutale Wohlstandsvernichtung durch die internationalen Finanzinstitute formiert sich der Widerstand.

Die internationale Bewegung *Attac* trägt ihr Anliegen bereits im Namen – „Association pour une Taxation des Transactions financières pour l'Aide aux Citoyens", zu Deutsch: eine Vereinigung zur Besteuerung der Finanztransaktionen zum Nutzen der Bürger. Sie wollen eine Entwicklung durchsetzen, die die Bedürfnisse der Menschen in den Entwicklungsländern berücksichtigt und sich nicht an den Renditeerwartungen der Kapitalanleger im reichen Westen orientiert.

Attac fordert eine demokratische Kontrolle der internationalen Finanzmärkte.

Die Globalisierungsgegner kritisieren, dass trotz internationaler Zusammenarbeit die Armut in der Dritten Welt wächst und die Ungleichheit auf der Erde zunimmt. Sie protestieren regelmäßig bei Treffen der Regierungschefs der reichen Industrieländer.

Was ist eine Weltwirtschafts-krise?

Wenn an den Aktienmärkten die Kurse neuen Jahrestiefstständen entgegentaumeln, wenn die Bären auf dem Parkett tanzen, beschleicht nicht wenige der Börsianer die Angst, dass dieser Kursverfall der Vorbote einer weit größeren Krise sein könnte.

„Schwarzer Freitag“ und „1929“ heißen die Schreckgespenster, die die Börsianer und Spekulanten in solchen bangen Stunden heimsuchen.

Sie stehen für die bislang schwerste Krise der Weltwirtschaft, die im Oktober 1929 durch einen dramatischen Kurssturz an der Wallstreet, der New Yorker Börse, ausgelöst wurde. Der vorangegangene Boom wurde durch eine beispiellose Verkaufswelle ausgelöscht. Millionenvermögen verbrannten innerhalb weniger Tage.

Dem Börsencrash am Schwarzen Freitag folgten Bankenpleiten und dann Firmenzusammenbrüche, weil der amerikanischen und wenig später auch der europäischen Wirtschaft das Geld ausgegangen war.

Millionen Menschen verloren ihre Jobs, die Industrieproduktion schrumpfte, die Wirtschaft in den USA und Europa sank in eine schwere Depression.

Es dauerte mehr als ein Jahrzehnt, bis sich die Volkswirtschaften von dem schweren Schlag erholt hatten.

Eine gefährliche Situation entstand 1987, als wiederum im Oktober die Kurse an den New Yorker Aktienmärkten rasant fielen. Innerhalb weniger Tage verloren sie 23 Prozent ihres Wertes.

Doch diesmal reagierten die Banken, Finanzmärkte und Regierungen der wichtigsten Industrienationen schnell. Der Handel wurde ausgesetzt und die Banken verpflichtet, mit Kaufaufträgen einen weiteren Verfall der Kurse zu stoppen. Die gemeinsame Aktion hatte Erfolg, innerhalb eines Jahres hatten sich die Börsen von dem Absturz erholt.

Auch der mehr oder weniger kontrollierte Abschwung an den Finanzmärkten rund um den Globus seit 2000 lässt darauf hoffen, dass große Krisen, die die gesamte Weltwirtschaft erschüttern und Millionen von Menschen auch in den Industriestaaten ins Elend stürzen könnten, wirklich der Vergangenheit angehören. Ganz sicher wird man diese Gefahr allerdings nie ausschließen können.

Am Freitag, dem 25. Oktober 1929, wurde an der New Yorker Wallstreet die bisher schwerste Weltwirtschaftskrise ausgelöst.

Glossar

Aktie
Anteil an einer Aktiengesellschaft. Wer Aktien besitzt, ist Miteigentümer des Unternehmens und über die Dividende am Gewinn beteiligt. Aktien werden an einer Börse gehandelt. Der Aktienkurs ist der Preis einer Aktie.

Angebot
Menge einer Ware oder Dienstleistung, die am Markt zum Verkauf oder Tausch angeboten wird

Arbeit
jede geistige oder körperliche Tätigkeit von Menschen mit einem wirtschaftlichen Ziel. Arbeit zählt zu den Produktionsfaktoren bei der Herstellung von Wirtschaftsgütern.

Arbeitslosigkeit
fehlende Beschäftigungsmöglichkeiten für Menschen, die arbeiten könnten und wollen

Boom
englisches Wort für den Höhepunkt des Konjunkturverlaufs, die wirtschaftliche Hochphase

Börse
ein regelmäßiger Markt für Güter, deren Beschaffenheit und Wert genau festgelegt sind. Börsen gibt es für Waren, für Dienstleistungen oder für Wertpapiere.

Branche
französisch für Wirtschaftszweig

Bruttoinlandsprodukt
Gesamtwert aller Waren und Dienstleistungen, die in einem Land innerhalb eines Jahres produziert werden

Bruttosozialprodukt
Summe aller von den Bürgern eines Landes in einem Jahr erwirtschafteten Erträge

Devisen
Bankguthaben in einer fremden Währung

Dienstleistungen
Arbeitsleistungen für Kunden, z. B. ein Essen im Restaurant

Dividende
jährliche Gewinnbeteiligung der Aktionäre

Einkommen
Geld, das einem Haushalt in einem bestimmten Zeitraum zufließt

Export
Ausfuhr von Waren oder Dienstleistungen ins Ausland

Geld
allgemein anerkanntes Tauschmittel. In Form von Münzen und Banknoten ist es gesetzliches Zahlungsmittel.

Gewinn
das Einkommen eines Unternehmens, das, was von den Einnahmen nach Abzug aller Ausgaben übrig bleibt

Globalisierung
weltumspannende Verflechtung des Wirtschaftslebens, internationale Zusammenarbeit und Austausch von Waren, Dienstleistungen und Kapital

Güter
Mittel zur Befriedigung von Bedürfnissen. Es gibt freie Güter wie Luft, die unbegrenzt zur Verfügung stehen, und knappe oder wirtschaftliche Güter, die hergestellt werden müssen, z. B. Autos.

Handel
der Austausch von wirtschaftlichen Gütern

Haushalt
Alleinstehende oder Lebensgemeinschaften wie Familien, die, was ihren Konsum angeht, eine Einheit darstellen

Import
Einfuhr von Gütern, Dienstleistungen oder Kapital aus dem Ausland

Inflation
allgemeiner und dauerhafter Anstieg der Preise

Innovation
neue Produkte, technische Neuerungen und Erfindungen

Insolvenz
Überschuldung und Zahlungsunfähigkeit einer Person oder eines Unternehmens, auch: Konkurs

Investitionsgüter
Güter, z. B. Maschinen, die angeschafft werden, um Kosten oder Zeit zu sparen

Kapital
Geldkapital ist Geld, das man anlegen kann, unter Sachkapital versteht man Produktionsmittel wie Gebäude und Maschinen.

Kartell
verbotene Absprachen von Unternehmen, beispielsweise über Preise, um den freien Wettbewerb zu umgehen

Kaufkraft
Die Kaufkraft des Geldes bezeichnet die Menge an Gütern, die man für eine bestimmte Geldmenge bekommt.

Konjunktur
die Abfolge von Aufschwung und Abschwung in der Wirtschaft

Konsum
der Verbrauch von wirtschaftlichen Gütern zur Befriedigung persönlicher Bedürfnisse

Kredit
das Überlassen von Geld für einen bestimmten Zeitraum, nach dem das Geld mit Zinsen zurückgezahlt werden muss

Markt
der Ort, an dem Angebot und Nachfrage, Verkäufer und Käufer aufeinander treffen

Monopol
Situation, in der nur ein Anbieter oder Nachfrager auf dem Markt vorhanden ist

Nachfrage
Wunsch der Verbraucher nach bestimmten Gütern

Nettoeinkommen
Einkommen nach dem Abzug von Steuern und Sozialabgaben

Preis
der Wert von Waren oder Dienstleistungen, ausgedrückt in Geld

Produktion
Herstellung von Gütern

Produktionsfaktoren
wirtschaftliche Güter, die zur Produktion anderer Wirtschaftsgüter erforderlich sind. Die Produktionsfaktoren sind Arbeit, Boden und Kapital.

Produktivität
Verhältnis zwischen dem Einsatz an Material und Arbeitszeit und der Menge an Gütern, die damit hergestellt wird

Rezession
wirtschaftlicher Abschwung

Rohstoffe
Grundstoffe, die zur Produktion verwendet werden, wie Kohle, Erdöl, Erdgas oder Erz

Steuern
festgesetzte Abgaben an den Staat, der damit seine Ausgaben finanziert

Subventionen
staatliche Leistungen an bestimmte Unternehmen oder Wirtschaftszweige, in Form von Finanzhilfen oder Steuererleichterungen

Umsatz
der Wert aller Güter, die ein Unternehmen in einer bestimmten Zeit verkauft

Volkswirtschaft
alle wirtschaftlichen Einrichtungen und Aktivitäten in einem Staat

Wechselkurs
der „Preis“ einer Währung, der Kurs, zu dem eine Währung in eine andere umgetauscht wird

Wettbewerb
das Werben verschiedener Anbieter, die in Konkurrenz zueinander stehen, um Kunden. Der freie Wettbewerb ist ein wichtiges Kennzeichen der Marktwirtschaft.

Wirtschaft
alle Einrichtungen zur Deckung des Bedarfs der Menschen an knappen Gütern

Wirtschaftswissenschaft
Sie beschäftigt sich mit der Erforschung der Wirtschaft, sowohl der Volkswirtschaft (Volkswirtschaftslehre) als auch der Abläufe in den Unternehmen (Betriebswirtschaftslehre).

Zentralbank
Bank, die für die Ausgabe von Geld und die Steuerung der Zinshöhe in einem Land zuständig ist. Für die europäische Währungsunion ist das die Europäische Zentralbank (EZB) in Frankfurt.

Zins
der Preis für Kredite, also geliehenes Geld

Stichwortverzeichnis

Bildnachweis:
Keystone Bildagentur: S. 12, 23, 35, 51, 53, 63, 66, 103, 115, 129, 133, 135; dpa: S. 27; Deutsche Börse AG: S. 83, 85; Europäische Zentralbank: S. 105

Christiane Oppermann ist Wirtschaftsjournalistin und war Redakteurin, Ressortleiterin und Reporterin bei der 2002 eingestellten Wochenzeitung *Die Woche*. Die gebürtige Braunschweigerin studierte Wirtschaftswissenschaften in Bern und in den USA. Ihre journalistische Laufbahn begann sie als Praktikantin bei der *Neuen Zürcher Zeitung* und der *Frankfurter Allgemeinen Zeitung*. Danach arbeitete sie als Redakteurin beim Hamburger *Manager Magazin* und beim *Stern*. Christiane Oppermann lebt bei Hamburg.

Die Diplomdesignerin *Annabelle von Sperber*, geboren 1973, studierte an der Fachhochschule für Gestaltung in Hamburg Illustration mit dem Schwerpunkt Kinderbuch. Seit 2000 arbeitet sie als freie Illustratorin für verschiedene Verlage und Zeitschriften. Zurzeit lebt sie mit ihrem Lieblingsfranzosen und ihrem Baby in Berlin.